Por uma vida espontânea e criadora

CIP-BRASIL. CATALOGAÇÃO NA PUBLICAÇÃO
SINDICATO NACIONAL DOS EDITORES DE LIVROS, RJ

P868

Por uma vida espontânea e criadora : psicodrama e política / organização André Marcelo Dedomenico, Devanir Merengué. - 1. ed. - São Paulo : Ágora, 2020.
224 p.

Inclui bibliografia
ISBN 978-85-7183-259-6

1. Psicodrama - Aspectos políticos. 2. Psicologia política. I. Dedomenico, André Marcelo. II. Merengué, Devanir.

20-62701 CDD: 320.019
CDU: 159.922.2:32

Meri Gleice Rodrigues de Souza - Bibliotecária CRB-7/6439

www.editoraagora.com.br

Por uma vida espontânea e criadora

Psicodrama e política

André Marcelo Dedomenico e Devanir Merengué (orgs.)

EDITORA
ÁGORA

POR UMA VIDA ESPONTÂNEA E CRIADORA
Psicodrama e política

Editora executiva: **Soraia Bini Cury**
Assistente editorial: **Michelle Campos**
Capa: **Alberto Mateus**
Coordenação editorial, projeto gráfico
e diagramação: **Crayon Editorial**

1ª reimpressão, 2020

Editora Ágora
Departamento editorial
Rua Itapicuru, 613 – 7º andar
05006-000– São Paulo – SP
Fone: (11) 3872-3322
http://www.summus.com.br
e-mail: summus@summus.com.br

Atendimento ao consumidor
Summus Editorial
Fone: (11) 3865-9890

Vendas por atacado
Fone: (11) 3873-8638
e-mail: vendas@summus.com.br

Impresso no Brasil

Queria, sempre, desaparecer com um circo,
mas circo não havia. Veio um dia.
Armaram na praça central da cidade, com
aroma de pipoca e com cor de amora.
Minha mãe me levou. De mãos dadas
penetramos sob a lona quente, numa tarde
quente. Naquela noite me deitei, dobrei os
joelhos e armei o circo com o lençol
alvejado da cama. Debaixo da lona me
dividi em três: me sonhei equilibrando no
arame, me imaginei girando no globo da
morte e me incendiando ao cuspir fogo.
Meu irmão não se interessava pelo circo,
mas achava o vidro macio.

Bartolomeu Campos de Queirós –
Vermelho amargo

Sumário

Prefácio

Maria Cristina Gonçalves Vicentin

Em tempos em que o próprio sentido da política e do político se desmancha e se reconfigura, o livro que aqui se apresenta – com 12 textos de diferentes profissionais do campo do psicodrama, de distintas gerações – não apenas tem a coragem de enfrentar os impasses e tensões das relações entre psicodrama e política no contemporâneo como oferece um conjunto de pistas colhidas no corpo a corpo da experiência clínico-política do psicodrama para pensar-agir nessa interface.

De fato, assistimos, em escala global, a um movimento histórico das elites que aspira, como sugere Mbembe (2016), em última instância, a "abolir o político". Isto é, almeja destruir espaços e recursos – simbólicos e materiais – nos quais seja possível "pensar e imaginar os destinos dos vínculos que nos unem uns aos outros, assim como nos unem às gerações que virão depois". Tal abolição, ainda segundo Mbembe, procede por meio de lógicas de isolamento – separação entre países, classes e indivíduos – e de concentração de capital, fora de todo controle democrático, ao lado do uso do poder militar para assegurar seu êxito. Neste mundo do capitalismo imperial ou mundial-integrado (tematizado em diferentes textos desta coletânea em diálogo com Maurizio Lazzarato, Antonio Negri, Félix Guattari e Gilles Deleuze, Michel Foucault, Pierre Dardot e Christian Laval, entre outros), em que vemos uma progressão contínua de exploração e dominação para tudo colonizar, é necessário que outros modos de habitar o espaço ganhem consistência.

No caso do Brasil, tal movimento colonial e neonacionalista se faz atualmente por meio de uma "insuspeitada aliança entre o neoliberalismo financeiro e as forças reativas conservadoras" (Rolnik, 2018) e visa desfazer um conjunto de conquistas resultantes de intensos processos de emancipação, que ganharam nas últimas décadas importante consistência na forma de garantia de direitos, bem como de afirmação de novos direitos – entre eles os conquistados por mulheres, crianças e adolescentes, negros, indígenas e LGBTQIA+.

Essa "insuspeitada aliança" se ancora em modelos de identificação subjetiva, como parte dos processos de subjetivação capitalísticos (Guattari, 1986) e coloniais e suas táticas de "captura vital" e de extração das forças desejantes e da imaginação. Essa face existencial do neoliberalismo e seu "fascismo democrático" atuam por repetição, serialização, normalização e cerceamento das possibilidades de criação e emergência de derivas singularizantes, fomentando a morte do espaço público e a criação de "inválidos existenciais" (Vários Autores, 2019, p. 109), com seus sintomas de angústia, tédio, solidão, cansaço, insatisfação crônica, cinismo, violência, dissociação. Desse modo, a dimensão micropolítica da política torna-se cada vez mais vital: "É preciso lutar pela reapropriação das potências de criação e cooperação e pela construção do comum que dela depende [...] em cada uma de nossas ações cotidianas" (Rolnik, 2018, p. 89). Daí a pertinência "impertinente" do fazer clínico que esta coletânea sustenta.

O livro que aqui se apresenta não parte de uma posição retórica – a da ineludível relação entre psicodrama e política, ou a da indissociável relação entre clínica e política –, mas apresenta um mosaico de leituras contemporâneas da clínica psicodramática numa disposição plural e transversalista, cuja direção ético-política recoloca a utopia ativa do psicodrama, a da criação de heterotopias como espaços-tempo que fomentam "uma vida espontânea e criadora", em devir e em experimentação para estes tempos.

Ao sustentar a ideia da socionomia como *prática clínica e política que produz modos de existência espontâneos e criadores*[1], bem como de *produção social como partilha*, o livro apresenta experiências e

[1] Em itálico, fragmentos dos textos aqui reunidos, sem identificação do autor, eventualmente misturados, valorizando a perspectiva coletiva e impessoal que emerge da leitura.

experimentações em diferentes contextos e com diferentes perspectivas do que seria o fazer político.

Das experimentações aqui narradas, podemos extrair uma transversal ético-estético-política que posiciona o psicodrama como um *dispositivo de crítica social* e de *insubordinação, em aliança com a espontaneidade criadora, inventora de mundos diante da realidade que se impõe como determinante e impositiva, capaz de fissurar ultraconservadorismos à direita e à esquerda. Ao sustentar a existência de forças simultâneas, contraditórias e muitas vezes conflitivas no homem e em sua existência, num imbricamento tenso entre os diferentes desejos e necessidades, o psicodrama e a política ganham zonas de intersecção.* Sua ética é a da *aliança com as forças ativas, provocadoras de vida, do criativo, e não de subordinação às forças reativas que conduzem à rigidez, ao ressentimento e à institucionalização de verdades inequívocas.*

Podemos extrair também, do conjunto dos textos, três pistas para habitar o mundo nos reapropriando das potências de criação e cooperação.

Produzir o comum – Em contraposição à privatização generalizada que resulta dos processos de globalização neoliberal, analisada por vários autores da coletânea, aponta-se para a produção do espaço público e do comum como uma direção da política do psicodrama.

Distinto de bem comum, o comum se refere *a um tipo de relação social, uma forma de gestão social de diferentes elementos e processos necessários para a vida de uma comunidade humana,* privilegiando a autogestão, a cooperação e a reciprocidade.

A política de um ponto de vista transformador é algo que busca o coletivo, que não se encerra no indivíduo, mas o transborda. [...] *que visa ao comum, ao público, que dá visibilidade e escuta ao indivíduo não separado de um coletivo que o acolhe e com o qual compartilha seus ganhos e suas dores. A questão política diz respeito à abertura para o social.*

Seguir o saber do corpo – Certamente o corpo tem centralidade na prática do psicodrama, sendo interpelado em seus atravessamentos psíquicos, sociais, políticos, históricos e libidinais como corpo-agônico que vive em ato, afetando os encontros e sendo por eles afetado. *Um corpo-agon quer escapar, fugir, arriscar se reinventar. Um corpo-agon é desejo de rebeldia, é rota de escape.* [...] *Corpo que se debate entre o já dado, o já naturalizado como verdade última da prática socionômica, que se rebela em meio a tais forças de sobrevivência, que nasce em ato na ação dramática, que tenta viver, e não apenas sobreviver, em meio às conservas de sua prática.*

A luta para o tempo presente é uma agonística, e não um antagonismo – *Em consequência das lutas agônicas, supomos um descentramento, um desindividualizar-se para melhor existir.*

A política tem um caráter agônico na medida em que indivíduos e grupos buscam ter alguma visibilidade, algum sentido de existência, direitos e possibilidades em espaços comuns.

Os jogos agonísticos no mundo grego expressavam a contradição entre os jogadores em sua potência afirmativa, sem que se desejasse solucioná-la. Os dois princípios do *agon* eram a inexistência de trégua, uma vez que não havia uma proposta de solução, conciliação nem acordo de paz; e a inexistência de termo, já que não se pretendia hegemonia ou destruição. O caráter agonístico assinala uma luta em que uma tensão é sustentada sem que haja uma resolução. Se a agonística grega é uma das bases do pensamento psicodramático, ao lado da espontaneidade criadora que dá título ao livro, interessa-nos aqui ratificar, como modo politicamente potente para o nosso tempo, a afirmação da luta como agonística. Lima Silva (2019) convida-nos a articular o *pólemos* heraclitiano com o *agon* grego. Para Heráclito de Éfeso (*c.* 540-470 a.C.), há uma luta incessante que atravessa todas as coisas, inclusive a nossa existência, sem soluções finais nem hegemonias que se sustentem. O que se sustenta, em *pólemos*, é a luta, a dissonância, ou harmonia dissonante. "Podemos pensar em uma política para lidar com os antagonismos que não deseja submeter ou resolver, que tenta sustentar o tensionamento" (Lima Silva, 2019, p. 119). Não é essa uma certa política do psicodrama, visível na *descontinuidade*?

Interceptar os fluxos, parar a cena, duvidar do gesto, congelar a fala, não facilitar a fluência do conservado, impositivo, opressivo. Política como descontinuidade.

Mas, se tais pistas certamente nos ajudam a nos guiar e a *furar muros de condomínios privados*, é necessário que *se desdobrem numa Política, com P maiúsculo, caso contrário ficamos num barco com um potente motor, porém sem direção, consistência nem consequências. Que política pode prolongar na história o esplendor de momentos e fluxos criativos?*

Que seja uma "amiga" do psicodrama, mais do que uma sua filiada[2], convidada a escrever este prefácio só indica a permanente abertura dos amigos psicodramatistas à alteridade... Eles sabem que fazer política é propriamente da qualidade das amizades. E que a amizade é o melhor antídoto para a despolitização e o esvaziamento do espaço público. Boa leitura!

REFERÊNCIAS

Guattari, F. *Revolução molecular: pulsações políticas do desejo*. São Paulo: Brasiliense, 1986.

Lima Silva, F. F., "'Resistindo na boca da noite um gosto de sol'. O feminismo antiproibicionista como resistência à narrativa da 'guerra às drogas'". Tese (doutorado em Psicologia), Universidade Federal Fluminense, Niterói (RJ), 2019.

Mbembe, A. "Cuando el poder brutaliza el cuerpo, la resistencia asume una forma visceral". Entrevista. *eldiario.es*, 17 jun. 2016. Disponível em: <https://www.eldiario.es/interferencias/Achille-Mbembe-brutaliza-resistencia-visceral_6_527807255.html>. Acesso em: 7 jan. 2020.

Rolnik, S. *Esferas da insurreição: notas para uma vida não cafetinada*. São Paulo: n-1, 2018.

Vários Autores. *Chamada: imaginação radical do presente – Anônimos*. São Paulo: Glac, 2019.

2 Esclareço: grupalista que sou, filio-me à perspectiva transdisciplinar que anima o pensamento grupal e fiz sempre que possível experiências e aproximações com o psicodrama sem ter me dedicado a seu estudo mais vertical, que poderia configurar uma "formação em psicodrama".

Apresentação

André Marcelo Dedomenico e Devanir Merengué

Num texto do escritor David Foster Wallace, dois peixes jovens passam por um peixe mais velho e supostamente sábio que os cumprimenta dizendo: "Bom dia, jovens! A água está muito boa hoje, não?" Os jovens não lhe respondem e, olhando um para o outro, dizem: "Água?"

A metáfora, nem um pouco favorável aos jovens, ilustra o modo como cada um faz experiência dos acontecimentos que circundam sua vida e nos quais está engendrado. Para alguns peixes, tanto faz se a água existe. Para outros, no entanto, a vivência de estar na água parece ser muito importante e até mesmo fundamental para a própria vida. Não se trata de faixas etárias diversas, como pode sugerir o conto, de um suposto conflito entre gerações, mas de notar, numa curta e simples cena, múltiplos sentidos de entendimento a respeito do meio em que se está mergulhado. Sentidos que se sobrepõem em camadas, podendo ir de um entendimento binário e talvez reducionista da experiência a outros bem mais complexos e multifacetados.

Algo semelhante se passa com a prática psicodramática no Brasil. Em suas distintas entradas no e pelo país, fica submetida a um sem-fim de usos e abusos. Ora é utilizada com objetivos mais abertamente questionadores do *establishment*, ora vai ao encontro de uma adequação à ordem social, política e ideológica estabelecida. Um estudo genealógico poderia marcar essas diferenças em momentos históricos diversos de nosso combalido país, mas esse não é o propósito do presente livro. Entre esses dois polos – um abertamente revolucionário, crítico ao estado de coisas no campo social, problematizador da própria prática psicodramática, e outro mais conservador, mantenedor do *status quo* –, há um enorme espectro com diferentes matizes de saturação política no modo como se faz e se vivencia a ação dramática. É desse amplo espectro político, filosófico e ideológico que nascem os 12 ensaios aqui apresentados, escritos por psicodramatistas provenientes de diferentes regiões do país e de distintas gerações. O que há em comum entre todos os autores, para além ou aquém da própria prática, é o entendimento de que a dimensão política do psicodrama não pode ser deixada de lado, seja quando se fazem trabalhos sobre questões políticas presentes no contexto social e que invadem os contextos grupal e dramático, seja quando se analisam as opiniões dos psicodramatistas a respeito de suas preferências políticas, seja quando se tenta entender a própria política presente nas ações dramáticas, seja, ainda, quando se considera que o psicodrama deveria ser apolítico – o que, aliás, pode ser entendido como um posicionamento político. Negar a presença da política no método psicodramático e naquilo que se faz é também um posicionamento político. Disso temos certeza.

Os autores aqui reunidos entendem que a política propriamente dita, tal como a água para os peixes mais sábios da metáfora, perpassa tudo que fazemos e pensamos. Discuti-la com base em nossas práticas e conceituações teóricas é, portanto, um exercício fundamental a fim de evitar a armadilha invisível, para não dizer inconsciente, de reproduzir em nossas ações rotineiras do fazer dramático as mesmas coisas que combatemos no cotidiano.

Estes 12 ensaios, atravessados tanto por questões comuns quanto por posicionamentos próprios a cada autor, têm ressonâncias filosóficas e ideológicas uns com os outros, refletindo um sem-fim de variáveis e de condições.

Érico Douglas Vieira tece uma ampla e consistente perspectiva do atual momento político brasileiro e mundial com a ascensão de valores reacionários no contexto social e das práticas políticas, apostando que o psicodrama ainda tem muito a nos oferecer como estratégia de luta antifascista.

Com uma lupa foucaultiana, Devanir Merengué dá visibilidade aos inúmeros elementos heterogêneos e políticos presentes na clínica psicoterápica e tangencia o trágico das lutas agônicas de tais processos.

Psicodramatista e acompanhante terapêutica, Ana Paula C. Scagliarini nos convida a uma deriva clínica pela cidade – a concreta e a subjetiva –, num percurso que passa por sonhos, momentos políticos nacionais e mundiais, casos clínicos e metamorfoses subjetivas.

Geraldo Massaro traz uma visão de Jacob Levy Moreno, o criador do psicodrama, como um homem aprisionado nas teias de valores conservadores do contexto social em que viveu, notadamente em sua fase norte-americana, reproduzindo valores dessa sociedade em suas produções teóricas e práticas. O autor ainda mostra outra perspectiva, com base em sua experiência como presidente da Federação Brasileira de Psicodrama (Febrap), com suas lutas políticas e jogos de poder.

Com base nos atos socionômicos do Centro Cultural São Paulo, Pedro Mascarenhas discute as noções de público e privado, retomando algo de suma importância ao fazer socionômico: o espaço público em seus vários sentidos como lócus primordial da política e da clínica psicodramática, lócus de encontro com a alteridade – seu *ethos* psicodramático.

Maria da Penha Nery apresenta os resultados de uma enquete realizada entre colegas psicodramatistas a respeito de seus entendimentos políticos na forma de categorias discursivas do fazer político de sua área de atuação. Tais categorias vão do silenciamento estrondoso da política no entendimento da própria prática ao grito silenciado de desejos mais revolucionários e transformadores dessa prática, do movimento psicodramático brasileiro e do contexto social em termos macro e micropolíticos.

Débora de Mello e Souza produz uma teia complexa de sentidos com base em uma vivência socionômica no Centro Cultural São Paulo: o ano de 1984 torna-se um signo que lhe permite sobrepor camadas de sentidos em seu fazer profissional e de entendimentos de mundo e de política.

Ao mergulhar em sua experiência profissional, Rosane Rodrigues aposta num contágio de saúde entre os corpos nos trabalhos socionômicos, grupais ou individuais, na produção de um corpo poético, em corpos aquecidos e tomados/liberados em sua força espontânea e criadora. Trata-se de corpos que agem, e não apenas reagem, para se preservar, num corpo que quer se expandir em potência e encontrar suas formas de expressão singulares.

Andrea Raquel Martins Corrêa põe em cena os corpos fluidos de nossa contemporaneidade, notadamente com base nas discussões de sexo e gênero. São esses corpos sexuais – fluidos em suas identidades de gênero, nos quais anatomia e sexualidade não têm uma coincidência necessária – que interessam à autora. Ela nos provoca a pensar todo o arsenal psicodramático caso queiramos lidar com essa fluidez, com tais corpos rebeldes e subversivos aos poderes heteronormativos vigentes do campo social, sem reproduzir em nossas ações profissionais os valores que embasam esses poderes.

Aproximando-se de Friedrich Nietzsche e Fernando Pessoa, Luiz Contro traz à prática psicodramática as noções de heteronomia desse e de perspectivismo daquele. Contro questiona a ideia de verdade, entendida aqui como qualquer dogmatismo científico, religioso ou político que possa favorecer o surgimento do espírito de rebanho entre aqueles mais reativos em sua existência e refratários a nossa condição trágica e sem sentido no mundo.

Em seu ensaio, Plínio Barbosa Bronzeri defende a ideia de uma clandestinidade psicodramática como contraponto às práticas que ele denomina alfandegárias. O autor retoma algumas concepções deleuzianas sobre a semiótica da aprendizagem e faz um paralelo com a ideia de espontaneidade proposta por Moreno.

André Marcelo Dedomenico reinventa os conceitos de sua prática à luz de autores contemporâneos, conduzindo o psicodrama a outras problematizações, nas quais a clínica, a política e a economia se encontram e reverberam entre si.

São propostas de caminhos, de hibridizações do arsenal teórico e metodológico moreniano, que podem ou não ser levadas adiante por você, caro leitor. Desejamos que você possa se afetar por este livro e que tais ensaios o ajudem a pensar e problematizar sua própria prática, sem perder de vista a dimensão política contida nela.

Boa leitura.

Os organizadores

1. Possibilidades psicodramáticas de resistência ao fascismo contemporâneo

Érico Douglas Vieira

INTRODUÇÃO

O psicodrama pode ser um sistema que contribui para reativar a potência das subjetividades esvaziadas das forças vitais pelo triunfo das forças repressivas da sociedade? A revolução criadora de Moreno mirava a utopia da restituição dos fatores vitais, a dissolução dos aspectos cristalizados da subjetividade, enfim, a ruptura com um sistema que trata pessoas como objetos de uma engrenagem social, que produz indivíduos homogêneos e empobrecidos. Partindo das ideias de Wilhelm Reich em *Psicologia de massas do fascismo*, pode-se compreender o fascismo como direcionamento da energia da vida frustrada das massas contra determinados grupos em tempos de crise. Reich, como Moreno, percebia a vida em sociedade como um combate entre as forças de repressão e as forças vitais autorreguladoras.

Este capítulo visa situar o psicodrama como um sistema antifascista, realçando suas ideias progressistas e emancipatórias como contraponto às ideias reacionárias e de caráter repressivo contidas na estrutura psicológica e social do fascismo. A escrita do artigo, ocorrida no início de 2019, foi motivada pela recente eleição de um governo de extrema direita no Brasil, assim como pelo advento de governos ocupando a mesma posição no espectro político em outros países. Löwy (2015) argumenta que é a primeira vez, desde a década de 1930, que a extrema direita consegue vencer eleições e alcançar influência significativa na política europeia. Na França, no Reino Unido e na Dinamarca, partidos de extrema direita alcançaram entre 25% e 30% dos votos em 2014. Stanley (2019) aponta que, nos últimos anos, em países como Rússia, Hungria, Polônia, Índia, Turquia e

Estados Unidos, políticos que se utilizaram de táticas fascistas ganharam o poder.

As ideias fascistas se espalham cada vez mais na sociedade, e não apenas em número de eleitores. Propostas de inspiração fascista e reacionária seduzem as massas humanas como supostas vias de solução para crises econômicas, políticas e sociais. Diante disso, busca-se aqui refletir sobre esses processos subjetivos e sociais de penetração de ideias autoritárias e reacionárias, uma espécie de intoxicação das massas com ilusões de soluções simples, e contrapor a essas forças conservadoras as propostas emancipatórias do psicodrama. O estudo pretende, ainda, problematizar alguns limites do psicodrama para que este se apresente como instrumento efetivamente libertário.

Apesar de assistirmos a um retorno de ideias reacionárias, os governos de inspiração fascista de hoje não são idênticos aos governos totalitários alemão e italiano da década de 1930. Uma diferença é que os movimentos atuais aderem mais a uma globalização neoliberal, em contraste com o nacionalismo econômico dos fascismos antigos (Löwy, *op. cit.*). Percebe-se também, em vários países, a utilização de táticas fascistas como mecanismo para alcançar o poder. Essas táticas não conduzem necessariamente, porém, a um governo de caráter fascista como o de Benito Mussolini na Itália, embora de qualquer maneira apresentem perigos. Certos aspectos destrutivos das táticas fascistas têm sido utilizados em discursos, tais como a desumanização de alguns grupos sociais, a divisão da sociedade em termos de "nós" e "eles" e a desqualificação do debate fundamentado em favor de notícias falsas e teorias conspiratórias (Stanley, *op. cit.*).

O itinerário a ser percorrido nas próximas páginas inicia-se com a caracterização do fenômeno do fascismo de acordo com os estudos de Wilhelm Reich, de Umberto Eco e de outros autores, seguindo-se sua contextualização no caso brasileiro com base nas ideias de Jessé Souza. Alguns aspectos da sociedade brasileira são favoráveis ao crescimento de ideias fascistas, por exemplo, a identificação das massas com o opressor, a naturalização da imensa desigualdade social e a percepção das classes populares como subgente por parte das camadas médias e altas da população (Souza, 2017). Por fim, este estudo discute o psicodrama como um sistema de resistência às ideias conservadoras da mentalidade fascista mediante a promoção da liberdade e da capacidade de autonomia e de autorregulação de indivíduos e grupos humanos. No embate entre as forças progressistas do desenvolvimento social e as forças reacionárias de entrave e retrocesso, o psicodrama não pode se apresentar como um sistema neutro, sob pena de contribuir para a reprodução de modelos de subjetividade que esvaziam as forças criativas sociais.

A ESTRUTURA PSICOSSOCIAL DO FASCISMO

Reich escreveu *Psicologia de massas do fascismo* na década de 1930, movido pela preocupação de entender a ascensão de governos autoritários na Alemanha e na Itália com amplo apoio popular. Como é possível que as massas humanas elejam ou apoiem entusiasticamente governos que podem engendrar opressão, humilhação e sofrimento? Como entender a submissão a uma ordem autoritária? Não só isso: podem ser observadas, ao longo da história, diversas manifestações de anseio por uma figura de autoridade dominadora ou de um poder ditatorial que supostamente resolva determinada situação de crise. Em Reich, o interesse pelo estudo do fascismo visava tentar captar "algo que torna as massas capazes de pensar e de agir contra seus próprios interesses vitais" (Reich, 2001, p. 107). A contradição entre o progresso econômico e tecnológico alcançado pela civilização ocidental e o retrocesso em termos de subjetividade ou de estrutura humana convocam as ciências humanas a empreender esforços de entendimento desse fenômeno.

O fascismo se manifesta sob diversos aspectos. É importante mencionar, primeiramente, que ele não é característica de um partido específico ou de determinada sociedade. Como Reich aponta na obra citada, o fascismo está presente em todas as sociedades, e não somente na Itália ou na Alemanha do século passado. Eco (2018), igualmente, aborda o fascismo como um movimento que emergiu em diversos países, listando as características presentes no que ele chama de fascismo eterno ou Ur-Fascismo. Não é mero partido político, sendo mais caracterizado por determinadas posições subjetivas e formas sociais autoritárias ou, segundo Reich (*op. cit.*, p. xx), por "uma certa concepção de vida". O fascismo também não estaria circunscrito ao capitalismo ou às tentativas socialistas de governo. Seria, na realidade, um movimento de massas que se tornou possível a partir do advento da civilização autoritária patriarcal, há 5 mil ou 6 mil anos. Reich identifica os segmentos médios da população como protagonistas do fascismo. A seguir, serão discutidos alguns aspectos do fascismo que permitem uma melhor elucidação do tema, tais como: família e civilização autoritárias, repressão sexual, relações entre classes sociais, repulsa à diversidade, anti-intelectualismo e determinados processos de subjetivação.

A família autoritária patriarcal, com forte repressão sexual de crianças e adolescentes e opressão de mulheres, é uma poderosa força reacionária, cujos processos de subjetivação preparam os sujeitos para o conformismo, para uma dependência moral diante da ordem vigente. Reich argumenta que a educação das crianças nas famílias autoritárias ensina-as a ser submissas e medrosas, o que facilita a posterior obediência e a falta de pensamento crítico dos adultos trabalhadores em relação às autoridades políticas. A dominação da mulher também é apontada por ele como um dos aspectos constituintes da família autoritária, por isso os movimentos de emancipação da mulher são ameaçadores para as forças reacionárias. Eco também entende o machismo como característica universal dos fascismos, com a desvalorização da mulher e a reprovação de práticas sexuais desviantes ou fora da heteronormatividade. A submissão da mulher complementa o arranjo da família autoritária que tem a figura do pai como chefe, figura entrelaçada com a do chefe de governo, como aponta Reich (*op. cit.*, p. 48): "A posição autoritária do pai reflete o seu papel político e revela a relação da família com o Estado autoritário". Essa estrutura deve permanecer rígida para que produza futuramente atitudes de submissão em relação à autoridade. A política fascista tem um forte elemento de ansiedade sexual, que se manifesta na ameaça da hierarquia patriarcal pela crescente igualdade de gênero (Stanley, *op. cit.*). Dessa forma, percebe-se em discursos fascistas a promoção de um discurso de moralidade, de consolidação do casamento heteronormativo e de defesa da família autoritária patriarcal.

A civilização autoritária é outro aspecto constitutivo do fascismo descrito por Reich. Trata-se de uma estrutura ideológica mecanicista que produz pessoas subjugadas e sedentas por autoridade. O autor aponta que os seres humanos estão determinados, por um lado, pelos efeitos de sua situação econômica e, por outro, pelas ideologias da sociedade. Pode haver um desencontro entre essas duas dimensões, ou seja, sujeitos da classe trabalhadora podem adotar os modos de pensamento da elite econômica. Em decorrência disso, as massas humanas acabam agindo contra os próprios interesses vitais.

A concepção mecanicista presente na civilização autoritária converte a vida em sociedade em automatismo. As relações com o próprio organismo, entre pessoas e entre grupos sociais são determinadas por ideias mecânicas e rígidas, como uma concepção hierárquica de Estado, comportamentos de superioridade racistas e classistas, apego rígido a regras, necessidade de uma autoridade dominadora, ideia de trabalho mecanicista sem prazer, entre outras. A máquina criada pelo homem passou a ser adotada como modelo para entender o próprio organismo, conformando uma civilização da máquina repleta de temores: "Agora o ser humano tem um medo mortal de tudo que é vivo e livre. O chamado homem civilizado transformou-se num ser rude, mecânico, sem espontaneidade, isto é, transformou-se num autômato, numa máquina cerebral" (Reich, *op. cit.*, p. 319). Há, pois, uma "trágica dualidade entre organização biológica e organização técnica, entre o que é vitalmente vivo e o que é mecânico e automático no homem" (*Ibidem*, p. 315).

Moreno também apontou a rigidez antivida daquilo que ele denomina civilização da conserva: "Como a nossa educação está rigidamente delineada, ela tolheu o desenvolvimento de nossas personalidades, de modo a torná-las incompletas, as nossas existências cegas para a vida, os nossos momentos escassos de verdadeira espontaneidade, senão inteiramente vazios dela" (1997, p. 184). O militarismo e a moralidade são semeados nas massas humanas para a produção de sujeitos submissos, apesar do sofrimento e da humilhação a que são expostos. A moralidade reprime a manifestação natural da sexualidade e das diversas formas de construções subjetivas e identitárias.

A diversidade é inimiga do fascismo. O medo da diferença – o medo dos estrangeiros, dos intrusos – faz que o fascismo seja racista (Eco, *op. cit.*). O fascismo se abastece do medo do inimigo, que pode ser externo, mas com frequência age internamente. A obsessão pela conspiração predomina nos discursos fascistas, talvez também pela debilidade de propostas de governo e do escasso corpo de ideias e teorias. O nazismo, no entanto, tinha um corpo de ideias mais elaborado, com uma teoria da raça, por exemplo. No fascismo, a debilidade filosófica é uma marca importante. A veiculação de notícias falsas e teorias conspiratórias é uma tática fascista que alimenta o anti-intelectualismo e busca deteriorar o debate fundamentado, criando um estado de irrealidade (Stanley, *op. cit.*).

O fascismo eterno, descrito por Umberto Eco, teme as diferenças, buscando sempre um consenso. Combate-se o pensamento crítico, que funciona por distinções, pois o desacordo é visto como traição. Por isso, a ciência que cultiva o pensamento crítico e o desacordo como bases para a construção de novos conhecimentos é vista com hostilidade. "As universidades são um ninho de comunistas" é uma acusação comumente proferida, que demonstra aquilo que é uma característica do fascismo: a aversão à intelectualidade. A figura do professor como um possível "doutrinador marxista", presente em discursos reacionários recentes no Brasil, ilustra esse temor em relação à ciência. O projeto conhecido como Escola Sem Partido, que tramita no Congresso Nacional, visa patrulhar o trabalho docente, que pode ser denunciado por pais e alunos em razão de, supostamente, impor teorias marxistas em sala de aula. Na verdade, trata-se do cerceamento das possibilidades do professor de cultivar o pensamento crítico e um olhar amplo para as questões humanas e sociais, na tentativa de reduzir a educação à transmissão de informações técnicas.

O fascismo tem, portanto, forte inclinação anti-intelectualista. O culto da tradição implica uma recusa do que os fascistas entendem como modernidade. As grandes verdades já foram anunciadas e o avanço do conhecimento é visto como perversão ou depravação. Portanto, a ciência é considerada indutora de corrupção por não respeitar as revelações da tradição (Eco, *op. cit.*). Stanley (*op. cit.*, p. 62) argumenta que, "uma vez que se deslegitimam as universidades e os especialistas, os políticos fascistas se veem livres para criar suas próprias realidades, moldadas por sua própria vontade individual". No livro *Minha luta*, Hitler asseverava que a propaganda do governo deveria substituir o debate fundamentado em argumentos por paixões irracionais. Faz parte da política fascista, portanto, desqualificar as universidades e os acadêmicos, sendo estes representados como radicais "marxistas" ou "feministas" que estariam doutrinando os jovens com ideologias esquerdistas. O intuito do fascismo é deteriorar as instituições de ensino superior e empobrecer os debates públicos para degradar os espaços de informação e reflexão (Stanley, *op. cit.*).

O fascismo seria, para Reich, a expressão emocional e irracional do homem médio cujas necessidades vitais são reprimidas, incluindo a sexualidade. A família autoritária e as religiões patriarcais demonizaram o corpo como sede de paixões inferiores, colocando o espírito como instância superior. A repressão da sexualidade, da agressividade e da liberdade do corpo gera atitudes de humildade e resignação também em questões políticas e econômicas. O corpo, a sexualidade e a subjetividade têm relações com a política e a história. Na medida em que os desejos sexuais impelem a uma curiosidade mais ampla em relação ao mundo, o controle sobre a sexualidade restringe os contatos ao mundo limitado da família. O controle sobre o corpo produz um desamparo nos sujeitos, pois a repressão da agressividade instaura uma fragilidade diante dos desafios da vida. A honra nacional, o dever e o autodomínio são produtos de uma ordem social autoritária que nega a autorregulação das forças vitais e a potência do corpo.

A família autoritária, a civilização da máquina e a repressão do corpo geram processos de subjetivação que Reich denominou mentalidade fascista. Algumas características seriam a incapacidade para a liberdade, o medo da responsabilidade, a pronta adaptação à autoridade e a rigidez corporal. A maneira mecanicista de encarar a vida abre espaço para projetos autoritários, como argumenta Reich (*op. cit.*, p. xvii): "A mentalidade fascista é a mentalidade do zé-ninguém, que é subjugado, sedento de autoridade e, ao mesmo tempo, revoltado". A inépcia para a liberdade está diretamente ligada ao medo da responsabilidade, pois a sociedade que adere a um projeto fascista está enfraquecida para determinar os rumos da própria existência. Se as massas humanas considerassem suas necessidades vitais, lutassem por elas e assumissem a responsabilidade por isso, não haveria necessidade de governos autoritários. A questão problemática no fascismo é o apoio das massas humanas e a promoção daquele por estas, e não propriamente os líderes autoritários, como se costuma pensar. A esse respeito, Eco (*op. cit.*, p. 53) reflete: "O líder sabe que sua força se baseia na debilidade das massas, tão fracas que têm necessidade e merecem um dominador".

Para entender o fascismo, é preciso considerar, além das estruturas social e ideológica autoritárias, a divisão em classes sociais. O fascismo teria sua expressão mais forte na classe média ou, mais especificamente, na classe média baixa (Reich, *op. cit.*). A classe que detém os meios de produção também detém os meios de produção ideológica, como os veículos de comunicação em massa. Dessa forma, as ideias da classe dominante colonizam o pensamento das outras classes, desprovidas de meios de produção ideológica. No caso brasileiro, Souza (2017) reflete sobre um processo de convencimento das classes populares de que elas seriam inferiores moral e intelectualmente. O autor (*Ibidem*, p. 23) aponta que "quem controla a produção das ideias dominantes controla o mundo. Por conta disso também, as ideias dominantes são sempre o produto das elites dominantes". Como as massas humanas são colonizadas pelas ideias dominantes de uma elite do dinheiro, instaura-se uma forte contradição entre a ideologia adotada e a situação econômica em que se encontram.

A classe média baixa ganha uma compensação em relação a sua situação econômica inferior ao adotar ideologias moralistas, tornando-se a classe social guardiã da honra, do dever e da honestidade. Souza (2017) argumenta que a classe média brasileira procura se distinguir da elite financeira por meio do moralismo, situando-se como superior em relação a valores morais como a honestidade. Por isso, o discurso anticorrupção coopta de maneira eficaz amplos setores da classe média brasileira. Outra leitura para entender o forte apelo desse discurso anticorrupção é que, para os setores das classes médias brasileiras seduzidos pelo fascismo, houve a corrupção não da lei, mas da ordem tradicional (Stanley, *op. cit.*). Ou seja, conforme alguns grupos sociais marginalizados – como negros, pobres, mulheres e LGBTQIA+ – obtiveram conquistas recentemente, a mentalidade fascista entendeu essas mudanças como um desvio da ordem tradicional. Assim, a intensidade emocional da luta moralista contra a corrupção no Brasil percebida nas manifestações recentes em que a classe média e a elite vestiram a camisa verde e amarela da seleção de futebol representa, na verdade, um ódio diante da ascensão de determinados grupos sociais. Esse progresso dos grupos marginalizados é a verdadeira corrupção de que os grupos reacionários se ressentem. Soma-se a isso a aposta da política fascista em medidas autoritárias contra a insegurança, associada geralmente aos pobres, com bandeiras como aumento da repressão policial e reintrodução da pena de morte (Löwy, *op. cit.*).

Em momentos de prosperidade econômica, a classe média baixa pode adotar comportamentos e concepções da classe média alta. Por isso, a social-democracia foi acusada pelos comunistas de ter contribuído para a ascensão do fascismo (Reich, *op. cit.*). No caso brasileiro, a inclusão pelo consumo promovida nos governos de conciliação de classe do Partido dos Trabalhadores pode ter contribuído para aburguesar os trabalhadores sem oferecer oportunidade de desenvolver uma consciência de classe. Em tempos de crise, essa adaptação aos modos de vida conservadores obstrui o desenvolvimento do pensamento crítico e de anseios emancipatórios. Com a transformação de trabalhadores em pequena burguesia, o fascismo apela às classes médias frustradas, desvalorizadas por alguma crise econômica ou política ou ameaçadas por grupos subalternos emergentes. Esse sentimento de humilhação é capitalizado por líderes fascistas cujos discursos emocionais exploram o moralismo, aspecto fortemente cultivado nas camadas médias. Além disso, o fascismo oferece aos que estão privados de senso de identidade o sentimento nacionalista, que produz a ideia de pertencimento a uma nação. O moralismo e o nacionalismo são os aspectos veiculados em discursos fascistas por meio de palavras de ordem como "família", "Deus" e "nação".

Diante do exposto, o psicodrama pode representar um sistema de ideias e métodos que oferecem resistência às táticas fascistas contemporâneas? Pode ele ser uma prática política comprometida e de resistência aos processos de subjetivação opressivos e alienantes que serializam, insensibilizam e bloqueiam processos criativos? Veremos a seguir algumas reflexões que essas perguntas suscitaram, permeadas com possibilidades, obstáculos e limites do psicodrama em se constituir como um instrumento efetivamente libertário.

PROPOSTAS PSICODRAMÁTICAS ANTIFASCISTAS

As forças reacionárias fascistas são elementos arraigados na civilização autoritária patriarcal existente há milênios. Como Reich (*op. cit.*, p. 63) comenta, "a tacanhice da vida conservadora tem uma influência contínua, infiltra-se por cada faceta do cotidiano, enquanto o trabalho na fábrica e os panfletos revolucionários só têm uma breve influência". O psicodrama, como instrumento libertário, também pode representar uma breve influência emancipatória num contexto marcado por relações de dominação e práticas autoritárias. Segundo Naffah Neto (1997, p. 199), "o teatro espontâneo, o teatro terapêutico e todas suas derivações posteriores vão encontrar, fora de seu âmbito, um conjunto de forças conservadoras, legitimadas por um poder econômico, jurídico e político, que funcionarão como um enorme obstáculo a sua proposta de revolução criadora".

Portanto, são necessárias algumas ressalvas para que não adotemos o pensamento simplista de que o psicodrama seria um dispositivo de salvação para um mundo autoritário, seja pela força da concepção fascista de mundo, seja pelas próprias contradições presentes na comunidade psicodramática.

A revolução criadora representou um projeto emancipatório de Moreno, de contraposição à ordem vigente e de ruptura com seus padrões de sociabilidade, pois buscava promover a espontaneidade e as relações autênticas – um retorno às forças vitais, à vivência e à experiência. O combate à civilização da conserva era uma denúncia de Moreno de uma cultura que produzia valores e formas de participação na vida social que acarretavam a automatização do ser humano e padrões de comportamento estereotipados. A ideia de civilização da conserva tem similaridades com a civilização autoritária fascista descrita por Reich. Ideias mecânicas, concepções hierárquicas de família e Estado, apego demasiado a regras, medo do que é vivo e espontâneo geram um moralismo que produz sujeitos robotizados, esvaziados de potencial reflexivo e criativo, além do ódio a grupos sociais que não se encaixam numa ordem tradicional e reacionária.

A concepção fascista de mundo é, portanto, totalmente antipsicodramática. O homem da civilização da máquina descrito por Reich é rude, sem espontaneidade, tem receio das manifestações naturais da sexualidade e do corpo. A negação das forças vitais em favor da rigidez e da ordem contribui para a construção de uma civilização da conserva tal como descrita por Moreno. Essa forma de organização social é um aspecto que pavimenta o caminho para o florescimento de ideias fascistas.

Diante desse cenário, a espontaneidade psicodramática pode representar uma relação de reapropriação das subjetividades já prontas, uma possibilidade de diferenciação em relação aos processos de subjetivação fascistas. Num mundo que produz indivíduos homogêneos e empobrecidos em suas forças vitais e na capacidade de perceber criticamente a realidade, a espontaneidade pode favorecer o desvio e a afirmação de outras percepções, outras formas de ser, outras sensibilidades. O psicodramatista pode ser um operador clínico-político antifascista que facilita a intensificação de processualidades transformadoras produtoras de subjetividades e corpos perpassados pela vitalidade, pela prontidão para a criação de novas formas. No entanto, a efetividade do projeto moreniano em termos de transformação social se apresenta com muitos desafios e obstáculos. Se as práticas psicodramáticas não ajudarem os sujeitos a romper com sua privacidade e seu fechamento, a clivagem entre o coletivo e o privado fomentada pela sociedade capitalista permanecerá inalterada, sem uma necessária problematização (Silva e Carvalhaes, 2016).

A revolução criadora como proposta transformadora potencializa uma participação mais ativa do sujeito na realidade e a invenção de novas formas de estar no mundo. A espontaneidade criadora seria a possibilidade de resgate da relação de compromisso entre sujeito e mundo mediante uma presença transformadora, na busca ativa de mudança dos aspectos insatisfatórios do mundo (Naffah Neto, *op. cit.*). Possibilitados pela metodologia psicodramática, os espaços coletivos permeados por trocas afetivas podem potencializar a percepção e a transformação das subjetividades rígidas, mecânicas e autoritárias que fomentam a mentalidade fascista. Em geral, o psicodrama é concebido como uma prática mais voltada à emoção e à ação. Entretanto, podemos perceber as dramatizações como um espaço de realidade suplementar que instaura ações e respostas com alto grau de consciência (Blatner, 1997). Nos encontros de psicodrama, ao lançar-se na ação, renunciando à diretividade e ao controle, o que se experimenta são situações que se desvelam perante todos os participantes, os quais refinam sua capacidade reflexiva e expandem seu mundo afetivo. As recusas criativas em se submeter à ordem vigente, os desvios espontâneos, podem fazer emergir novas formas de ser, sensibilidades outras, diversificação das percepções (Vieira, 2017). Ou seja, tanto a possibilidade de criar novas formas subjetivas e coletivas quanto a fluidez das percepções de um corpo aberto a suas relações com o mundo são contribuições do psicodrama ao combate ao fascismo.

No entanto, é importante ponderar sobre os limites do psicodrama em se apresentar como instrumento efetivamente libertário. Apesar de seu potencial para promover rupturas com a ordem vigente, os psicodramatistas às vezes enveredam por um caminho da apresentação de si mesmos como agentes de pacificação social. Com a institucionalização do psicodrama, percebe-se uma perda progressiva da crítica e da ruptura com os aspectos insatisfatórios da ordem vigente (Naffah Neto, *op. cit.*). Por vezes, os psicodramatistas aplicam suas técnicas adaptativas individualmente ou no pequeno grupo com o intuito de apaziguar as tensões sociais, deixando de lado análises de questões como desigualdade social, poder, privilégios de classe, entre outros marcadores sociais que nos atravessam subjetivamente.

A ideia psicodramática de compartilhamento de subjetividades pode ser outra contribuição ao combate ao fascismo. Os estados coconscientes e coinconscientes são ferramentas teóricas do psicodrama capazes de ajudar a desvelar forças culturais e políticas que produzem dominação e exclusão social. Moreno elaborou o conceito de estados coconscientes e coinconscientes como o material subjetivo experimentado e produzido por membros de um grupo conjuntamente e que pode ser revivido dessa mesma maneira. Seriam subjetividades compartilhadas, estados subjetivos de propriedade comum, e não de um indivíduo apenas.

Naffah Neto critica alguns limites e descaminhos do psicodrama, apontando que Moreno delimitou seu território de compreensão e ação ao espaço do pequeno grupo, desconsiderando os fundamentos econômicos da história. A concepção subjetiva de fenômenos sociais revela uma negligência da metodologia moreniana em buscar entender os aspectos estruturais da sociedade, tornando-se pouco potente para fomentar uma consciência social mais ampla entre os participantes dos grupos psicodramáticos. Nesse sentido, Knobel (2016) se debruça sobre o conceito de coinconsciente argumentando que Moreno, em artigo de 1961[1], passou a vislumbrar uma gênese sociocultural em sua concepção de coinconsciente. Assim, é possível transcender o espaço do pequeno grupo para pensar numa dimensão sociocultural, na qual o contato mais próximo pode ser substituído por um contato indireto para a produção de subjetividades compartilhadas. A autora, então, defende a ideia de um coinconsciente social em que circulam experiências, pensamentos, sentimentos, angústias, arranjos sociais, relações de poder, traumas coletivos e ideologias.

[1] Moreno, J. L. "Interpersonal therapy and co-unconscious states, a progress report in psychodramatic theory". *Group Psychotherapy*, v. 14, n. 3-4, 1961, p. 234-41.

Prosseguindo na formulação de Knobel, podemos conceber um coinconsciente social brasileiro permeado por percepções de grupos sociais, mitos e ideologias compartilhados tacitamente. Os brasileiros têm em comum um território subjetivo, social e histórico com traumas coletivos, como a ditadura militar e a escravidão. Há na história brasileira exclusão massiva e até extermínio de determinados grupos sociais e, ao mesmo tempo, lutas de grupos marginalizados por autonomia e igualdade.

O coinconsciente social brasileiro é permeado por ideias fascistas, como o ódio a uma classe social que Souza (2015) provocativamente denomina ralé brasileira. A desumanização de certos grupos sociais é uma acentuada marca fascista (Stanley, *op. cit.*). No Brasil, há fortes resquícios de padrões escravagistas de sociabilidade, percebidos no abandono e no ódio dirigidos a grupos de pessoas pobres e negras. Durante a escravidão, as tentativas de formação familiar e comunitária dos negros, bem como quaisquer condições de construção de autonomia desses grupos, foram fortemente dificultadas a fim de facilitar sua dominação e exploração. Após o fim da escravidão, houve um abandono dos segmentos populares que persiste até hoje. A condenação da ralé brasileira permanece atualizada para manter os privilégios das outras classes, como aponta Souza (2017, p. 66): "Ela serve às classes incluídas como mecanismo de distinção em duas frentes: uma simbólica, para provocar o prazer da superioridade e do mando; e outra material e pragmática, no sentido de criar uma classe sem futuro que pode, portanto, ser explorada a preço vil". Os preconceitos cultivados pelas outras classes sociais contra os escravizados agora são dirigidos aos pobres, transformando-se em preconceito de classe.

Portanto, há no coinconsciente social brasileiro uma forte estigmatização dos segmentos populares, aos quais são atribuídas características ligadas à inadequação, à desordem, à criminalidade, entre outras. Tal desumanização gera uma exclusão moral que autoriza tacitamente expressões de desprezo e até mesmo violências contra esses grupos (Sawaia, 2011). Dessa forma, assistimos cotidianamente ao extermínio de moradores de rua ou pessoas de bairros periféricos, diante do qual há pouca comoção da sociedade. Além disso, o que se percebe é que as chacinas contra pobres indefesos ou as que ocorrem em presídios são comemoradas por parte da sociedade como uma espécie de "limpeza". Portanto, o conceito de coinconsciente que se expande para a dimensão social é uma construção teórica do psicodrama que pode contribuir para esclarecer os processos de subjetivação brasileiros fascistas que naturalizam a forte desigualdade social e a violência indiscriminada contra as classes populares no país. O psicodrama pode, assim, ajudar a desvelar os mecanismos de encobrimento das relações de poder que permitem a exploração e a reprodução de privilégios injustos.

A análise de dimensões estruturais da sociedade brasileira com recursos teóricos do psicodrama seria capaz de levar a socionomia além dos limites estreitos do pequeno grupo, rompendo com uma concepção de subjetividade universal. Tal concepção, que se encontra presente na literatura especializada do psicodrama, articula pouco a subjetividade com questões históricas, sociais e políticas. Em geral, a subjetividade é associada somente a aspectos individuais e familiares ou, no limite, ao pequeno grupo, sem ser articulada a questões de poder e de pertencimento de classe, gênero ou raça. Ao afirmar que a sociedade seria a soma de todos os átomos sociais, Moreno (2008) deixa ver a fragilidade da teoria psicodramática em descrever as estruturas sociais. No dizer de Naffah Neto (*op. cit.*, p. 143), "a socionomia contentou-se em ser uma microssociologia".

A espontaneidade criadora e o conceito de coinconsciente podem representar importantes ferramentas teórico-práticas de combate às formas autoritárias de sociabilidade e de desvelamento de produções subjetivas que promovem opressão e exploração de grupos populares. Os limites do psicodrama se apresentam quando ele se restringe ao âmbito do pequeno grupo e aos aspectos privados e familiares, além de às intervenções acríticas – desprovidas de potencial de transgressão da ordem vigente – propostas por profissionais da comunidade psicodramática. Para a transformação dos aspectos insatisfatórios da realidade, torna-se necessário que os psicodramatistas se questionem até que ponto a socionomia pode ter se tornado uma prática ideológica que promove adaptação e conformismo.

CONSIDERAÇÕES FINAIS

Nas origens da socionomia foi construído um corpo teórico-prático que buscava promover relações sociais transformadoras. A escolha de Moreno de práticas grupais com setores marginalizados representa uma ação potente a ser resgatada pelo movimento psicodramático na atualidade. O trabalho com grupos de pessoas isoladas, negligenciadas e desconsideradas pode ser uma importante intervenção clínico-política antifascista, ao pôr em evidência sujeitos que são usualmente desumanizados. Sujeitos que são desviantes da sociedade de consumo e meritocrática, por não serem dignos de cumprir as expectativas neoliberais de consumo.

Portanto, necessitamos de um psicodrama resistente e inventivo, que busque romper com o enfoque exclusivo na clausura individual e familiar, que aposte no encontro com a alteridade perpassada pelo social e político. Um psicodrama que opere como um sistema antifascista, que contribua para o resgate das forças vitais e para a promoção da autonomia dos sujeitos e grupos humanos, que produza o pensamento crítico por meio do cultivo das relações afetivas. Assim, a comunidade psicodramática é convidada a refletir sobre outros aspectos do psicodrama que possam combater um fascismo contemporâneo que talvez seja perene, como propõem Umberto Eco e Wilhelm Reich.

REFERÊNCIAS

Blatner, A. "Psychodrama: the state of the art". *The Arts in Psychotherapy*, v. 24, n. 1, 1997, p. 23-30.

Eco, U. *O fascismo eterno*. Rio de Janeiro: Record, 2018.

Knobel, A. M. "Coinconsciente para além do tempo e do espaço". *Revista Brasileira de Psicodrama*, v. 24, n. 1, 2016, p. 16-23.

Löwy, M. "Conservadorismo e extrema-direita na Europa e no Brasil". *Serviço Social e Sociedade*, v. 1, n. 124, 2015, p. 652-64.

Moreno, J. L. *Psicodrama*. São Paulo: Cultrix, 1997.

______. *Quem sobreviverá? Fundamentos da sociometria, da psicoterapia de grupo e do sociodrama*. São Paulo: Daimon, 2008. (Edição do Estudante.)

Naffah Neto, A. *Psicodrama: descolonizando o imaginário*. São Paulo: Plexus, 1997.

Reich, W. *Psicologia de massas do fascismo*. São Paulo: Martins Fontes, 2001.
Sawaia, B. (org.). *As artimanhas da exclusão: análise psicossocial e ética da desigualdade social*. Petrópolis: Vozes, 2011.
Silva, R. B; Carvalhaes, F. F. "Psicologia e políticas públicas: impasses e reinvenções". *Psicologia e Sociedade*, São Paulo, v. 28, n. 2, 2016, p. 247-56.
Souza, J. *A tolice da inteligência brasileira: ou como o país se deixa manipular pela elite*. São Paulo: Leya, 2015.
_____. *A elite do atraso: da escravidão à Lava Jato*. Rio de Janeiro: Leya, 2017.
Stanley, J. *Como funciona o fascismo: a política do "nós" e "eles"*. Porto Alegre: L&PM, 2019.
Vieira, E. D. "O psicodrama e a pós-modernidade: espontaneidade como via de resistência aos poderes vigentes". *Revista Brasileira de Psicodrama*, São Paulo, v. 25, n. 1, 2017, p. 59-67.

2. Descolonizando o psicodrama: clínica e política

Devanir Merengué

> *Morri tantas vezes, mas sempre renasço,*
> *ainda mais forte, corajoso e belo – só o que*
> *sei é ser. Sou muitos, me espalho pelo*
> *mundo afora e pelo tempo adentro de mim e*
> *sou tantos que um dia eu faço a vida viver.*
> Ricardo Aleixo, poeta mineiro

Tento um recorte, com base na experiência clínica vivida no cotidiano, do que política vem a ser especificamente nesse acontecimento (a prática) e nesse contexto (a clínica). O uso da própria experiência que a põe em xeque não a reconhece como modelo verdadeiro ou adequado. Duvidar é possibilitar a construção contínua. E assim espero que consiga: escrever para estar em constante mudança.

A relação de ajuda a que se propõe um(a) psicólogo(a) – aqui, um psicodramatista – é atravessada por aspectos que podem ser nomeados políticos? Ou é toda ela política? Ajuda é uma boa palavra para dar conta dessa experiência?

O que se entende por política nesse âmbito diz respeito à *possibilidade de luta, de estabelecimento do conflito, de táticas e estratégias.* E isso tem uma conotação foucaultiana, na medida em que essa vertente filosófica compreende a política no sentido de relações de poder que ocorrem na experiência mesma, sem um centro longínquo de controle. No pensamento foucaultiano, os poderes constituem sujeitos. As lutas visam dar ao indivíduo, ao grupo, à causa e às ideias visibilidade, escuta, reconhecimento, permitindo que possam transformar/transformar-se. Temos, portanto, uma definição ainda bem genérica do que venha a ser política nesse âmbito.

A luta a que nos referimos é uma estratégia de mudança, não conservadora, que acontece nessa e com essa relação entre psicodramatista e seu cliente (na denominação neoliberal) ou paciente (na nomeação médica) ou, ainda, usuário (termo supostamente mais neutro, mas com uma conotação bastante utilitária e desprovida dos afetos que perpassam a relação). Nenhum desses nomes dá conta do que se passa na relação. Temos, diante de nós, um outro que procura.

Como assim, política na relação terapêutica? O entendimento do que vem a ser "política" importa. Não é algo que diga respeito a partidos políticos, embora a problemática possa surgir em certos momentos. As relações ditas políticas de que falo dizem respeito aos *fluxos conscientes e inconscientes que permeiam o vínculo* entre o psicodramatista e esse alguém que o procura e se debate para diminuir o mal-estar de sua (nossa!) existência.

Fluxos? Sim, movimentos de aproximação e de afastamento, como ondas do mar, como correntes de luz que iluminam, atravessam, apagam, constrangem, invadem, aliviam. Falar de fluxos é falar daquilo que afeta consciente ou inconscientemente os agentes (aqui no sentido vulgar, como aqueles que agem). A ideia de inconsciente não diz respeito apenas a indivíduos, mas perpassa a todos – um coinconsciente, na versão de Jacob Levy Moreno.

Quando nos referimos aos *fluxos conscientes*, estamos querendo dizer algo do esperado, do sabido, do ensaiado e até do improvisado, de uma memória possível que se estabelece na relação dita psicoterapêutica. Muito do que é dito é pura repetição, nada surpreendente, por vezes até novo, mas garante certa lógica de conduta, de pensamento, de comportamento. Isso vale para todos os personagens envolvidos e até mesmo, ou talvez especialmente, para o psicodramatista, que pode ser um repetidor do conhecido, e não alguém aberto ao acaso, à relação que aí está em sua novidade parcial ou surpreendentemente absoluta.

Quando falamos de *fluxos inconscientes*, falamos do que ainda não existe, do que atravessa a relação ainda sem formato. Algo inesperado no discurso, no não discurso, pequenas ilhas nas bolhas organizadas e sabidas do consciente, do coconsciente. Afetos que podem aliviar, incomodar, esclarecer, perturbar um discurso tão posto.

As falas, as intenções, os não ditos, os gestos, os silêncios são permeados de *verdades* captadas em muitas histórias por ambos os personagens e retratam certos critérios, índices obedientes a essa verdade. Se conseguem autorização para a mudança, de parte ou do todo a ser modificado, é algo que não se tem certeza, mas ainda projeto, possibilidade.

A tendência à naturalização dos fatos é forte. Ou seja, achar que as coisas são "assim mesmo", sem chance de mudança. Fluxos insistentemente conscientes e confortáveis são mais presentes. *Fluxos conscientes e inconscientes, no entanto, se mesclam.* É provável e desejável que se saiba quando o inesperado, o insurgente, o absolutamente outro se fará presente para gozá-lo como *criação espontânea*. O que vem a ser espontâneo necessita urgentemente de estudo à luz da contemporaneidade, na qual tudo muda, tudo é produto, tudo é mercado.

Tento dar alguma noção do que entendo por fluxo com base no recorte político: uma cliente/paciente/usuária não tem a menor consciência da referência absurdamente racista que faz a uma personagem de sua história, tampouco outra cliente que, embora não fale, passe um dedo pela própria pele para referir-se à negritude da empregada doméstica que trabalha para ela. Ambas as falas buscam a cumplicidade do profissional. Ou não. Nos dois casos, pareceu ser algo "natural" que brancos (o psicodramatista e suas clientes) desqualificassem negros sem nenhum pudor. Algo que pode ou não ser captado por ambas as partes, mas que se apresenta na relação como algo específico que aqui recorto para enfocar as questões políticas.

A cena não tem nada de incomum no Brasil. Os discursos (verbais ou não verbais) estão cheios de falas ou gestos de caráter sexista ou misógino ("pena que atrás de uma boceta tem uma mulher", "o cara era pobre, tinha pinto pequeno..."), homofóbico ("a bichinha achava que era gente"), classista ("aquela gentinha...") ou racista, como vimos. Obviamente esses elementos estão infiltrados em narrativas muito mais amplas e quase sempre cheias de dor, de conflito, e carentes de entendimento. Mesclam-se o dito, o não dito, o interdito, o suportável oralizado, o sabido não discursado...

Para além da clínica, mas não distante desses discursos, o uso que fazemos da tecnologia, completamente integrada ao pensamento dito pós-moderno, é que nos torna agentes, reprodutores de narrativas que, com frequência, nos atravessam de modo inconsciente. A atitude passiva reforça o caráter colaboracionista que, a todo momento, nos é solicitado nessas relações aparentemente neutras. A tecnologia apenas oferece novos dispositivos, talvez mais sedutores, para fazer valer o que, sem que se saiba, constitui um saber, um poder menos escancarado na clínica.

Não só de repetição vive o cotidiano: mudanças impressionantes podem ser detectadas em processos que se concretizam socialmente não de modo rápido, e sim aos poucos, em certa invisibilidade; processos que, um dia, se configuram em um acontecimento, uma separação, uma transformação promovida nos subterrâneos do social, e, em outros, emergem na cena social. Podemos novamente pensar em rupturas no plano dos papéis sociais ou nos nevoeiros do imaginário. Falo não em um imaginário fixo e original, evidentemente, mas em um mutante, líquido e colonizado. Na relação terapêutica ou fora dela, o fenômeno pode ser experimentado.

Se a definição do que venha a ser política não é tão simples, tampouco é fácil falar dos elementos que compõem o *inconsciente relacional* (ou o *coinconsciente)* específico do vínculo terapêutico. Diz respeito não apenas às pessoas envolvidas mas a algo bem mais amplo que nos subjetiviza, nos assujeita.

Delimito, inicialmente, o lugar – uma cidade, um local de trabalho – e os personagens envolvidos. Pressuponho concretizar a experiência justificando a ideia de que estamos todos, de diferentes jeitos, amarrados em/por uma malha que nos contém nos mínimos detalhes, garantindo assim a politicidade[1] de nossos atos.

[1] O neologismo indica a importância de associar política e cidade (no sentido de *polis*, como organização social de indivíduos supostamente livres) como esfera em que os gestos interrompem sentidos autoritários e individualistas e são pensados levando-se em conta, tantas vezes em tensão com, o que é comum, comunitário, coletivo. Não podemos confundir cidade (lugar geográfico) e *polis*, pois esta, para os gregos, inclui outros sentidos.

UM LUGAR

Um consultório de psicologia está evidentemente situado em uma rua e em um bairro. O local denota, portanto, um lugar na cidade habitado por determinada classe social, e sabe-se o que esperar de ruas e bairros com todas as suas referências ("bairro bom", "nobre", "da periferia"), todos os seus preconceitos, toda a gama de valores.

Muitas vezes, um bairro outrora residencial torna-se mais comercial em consequência de variações da economia local, com um sem-fim de atravessamentos e interesses. Assaltos a casas residenciais de alto padrão podem empurrar seus moradores para condomínios fechados, deixando os imóveis desocupados à mercê da especulação imobiliária. Esses bairros, lenta ou rapidamente, tornam-se locais de comércio, deixando de ser "bons para morar". O contrário também ocorre. Consultórios em locais mais ou menos simples atendem classes sociais identificadas com esse aspecto em maior ou menor grau, o que, na hierarquia de nossa sociedade, pode querer dizer profissional melhor ou pior, diferenciação bastante complicada e tantas vezes injusta. Como tenho um consultório em um desses bairros de classe média, já ouvi um cliente mais pobre questionar se "merecia" (!) ser atendido ali!

O imóvel está em uma cidade, de um estado, de um país, variáveis importantes quando cruzadas com a moral, os "bons costumes", a colonização local, o fato de estar próximo de uma região litorânea ou não, de ser mais ou menos central, mais ou menos distante de capitais, mais agrícola ou mais industrial...

"Ser obrigado" a manter uma fachada mais ou menos atrativa (para quem?), contar com um imóvel reformado, improvisado ou construído para o fim em questão, ter uma placa (ou não) com o nome dos profissionais que lá trabalham podem ser preocupações de um psicodramatista. A questão da placa com o nome dos profissionais é bem interessante, pois ainda hoje alguns clientes não gostam de ser identificados entrando em consultórios de psicologia ou psiquiatria, o que evidencia algo.

É preciso observar, portanto, a materialidade do imóvel, mas também a presença de funcionários, a limpeza, a disposição de salas, o funcionamento. Uma cliente fez uma crítica severa à não informatização do nome dos clientes, o que parecia denotar um atraso tecnológico – visto como algo negativo.

UMA SALA

Todos os elementos de uma sala de atendimento psicológico são passiveis de ganhar diferentes significados, seja por sua importância em uma cultura (um objeto de arte, um adereço indígena, um retrato de família), seja por seu caráter aberto (uma obra de arte abstrata, uma sala voltada para um jardim, que o cliente pode considerar um local tanto de alta vulnerabilidade quanto de amplitude). Livros, suvenires de viagem, cortinas, plantas, tapetes, iluminação: a presença – ou a ausência – de todos esses elementos provavelmente será categorizada pelo profissional e pelo cliente. Tudo significa.

De igual importância são as cadeiras ou as acomodações. Quantas cadeiras? Em que disposição? Na tradição psicodramática, as cadeiras estão dispostas frente a frente, cara a cara. Essa escolha já pressupõe um modo de conviver diferente do da sala de um psicanalista, como é óbvio. Pressupõe encontro, confronto, entendimento, conflito de ideias e corpos. Os diversos arranjos indicam modos de ser, estar, criar.

OS PERSONAGENS DA TRAMA

O psicodramatista

Sabemos que a escolha profissional não está dissociada, para o bem e para o mal, de nossa história de vida. Assim, racionalizações, acasos, preconceitos, vícios e virtudes, de um modo ou de outro, impõem tal escolha.

A história de vida está completamente misturada com a História de um tempo. Com isso quero dizer que nenhum papel social está desarraigado de uma sociedade, não existindo neutralidade. Não é só porque o profissional *não fala* de determinado assunto que questões relacionadas com esse assunto não estejam postas. Pressuponho, pois, que *o político* é muito mais que fazer algo, intervir. Como compreendo, *a noção de política existe na medida em que existirem relações.* Com isso quero dizer que escolho um caminho, o da não neutralidade de todos os gestos, mergulhados que estão na politicidade.

Como somos todos cidadãos da *polis*, o sujeito político aí se constitui, não sendo possível estar fora dessa imposição. Mesmo resistindo a ela, resiste-se a algo que nos constrange, incomoda, atordoa. A procura de uma suposta "neutralidade", empreendida por muitos psicodramatistas, é também um gesto político.

Na constituição do sujeito (Foucault, 2010) não faltam descaminhos, mas é por meio deles que se conhecem as zonas nebulosas e periféricas, estranhas e menores da condição humana. Se temos um papel social bastante acordado com os valores de uma sociedade, temos também a obscuridade, a luminosidade do que não se diz, pouco concretizável em papéis[2] (Moreno, 1974; Fox, 2002), estando para além das convenções, submersas em possibilidades.

Como não conseguimos nos desfazer de nossa experiência histórica, a questão política surge de dois modos: *o partidário*, ao fundo, presente, mas que nem sempre é matéria da prática do psicodramatista, e *o cotidiano*, onipresente nos gestos e falas que medeiam as relações. Evidentemente, esses modos se modificam no decorrer da História: algumas vezes se mesclam, noutras são cuidadosamente separados. Por mais que os psicodramatistas se queiram apolíticos em suas práticas, essa condição parece ser impossível, mesmo porque as situações se apresentam queiram os profissionais ou não. Estamos encharcados delas.

Historicamente, a política partidária, forte nos anos de redemocratização do país e na campanha das Diretas Já, volta a se fazer de maneira mais concreta na clínica com a decadência da esquerda e a ascensão brutal da direita, inicialmente de forma sorrateira e, depois,

[2] Muito importante o entendimento de que, para Moreno, nem tudo é papel. Diria eu que nem tudo é papel psicodramático, tampouco papel imaginário, conceito produzido por Alfredo Naffah Neto e publicado em *Psicodrama: descolonizando o imaginário*. Há algo ainda sem forma e verdadeiramente em estado de pré-criação. Instigantes também são as "partes não resolvidas do eu postulado", papéis rudimentares, ausentes (em relação à cultura?) espalhados por seus textos, indicando saber existir algo pouco concreto, não materializado.

com um caráter bastante extremado, passando, então, a ser objeto de trabalho. Em certos momentos, podemos observar como a história do cotidiano se mescla com a História de um país de modo contundente. Assim, muitas vezes se diz: "Estou assim por causa deste país!" Ou "desse governo"… Costuma-se quebrar, quando isso acontece, a naturalização da realidade de coisas que, de tão sabidas, não são mais vistas, e fica mais explicitado o caráter político de tudo. É possível que a política partidária afete o corpo, produza sintomas, incomode, como percebemos estar acontecendo neste momento da História.

Já a política cotidiana imiscuída nos papéis sociais e imaginários é aquela que dificilmente se sabe ou se quer política: o racismo não é político, o ato de consumir não é político, as relações sexuais ou o direito de reclamar não são assim entendidos. Aqui a noção de *política* ganha mais uma camada, que pode ser entendida com base em conceitos psicodramáticos: a política inscrita nos jogos de papéis estabelecidos por determinada sociedade. A tensão instaurada nas relações de poder atravessa os papéis, condiciona-os, qualifica-os, torna as relações radicalmente assimétricas, fluxos inconscientes repetidos e constantes.

Em resumo, temos *no papel social de psicodramatista* algo construído com base na *polis* em todas as suas infindáveis nuanças: as próprias escolhas e convicções políticas, inclusive as partidárias. Estas muito frequentemente não são explicitadas, ao que se supõe, por uma questão ética ("não devo influenciar") ou talvez da ordem dos sentimentos ou dos afetos, como medo ("como reagiria o outro se soubesse que sou de direita ou de esquerda?") ou vergonha ("como posso pensar assim, ser racista ou machista?").

O *papel* é um sem-fim de variáveis que se mesclam de modo mais ou menos flexível e mais ou menos forte. Como em todos os papéis, a construção do papel de psicodramatista passa por um ritual institucional e social. Para que ela se constitua, existem instituições que oficializam títulos, grupos que, de um jeito ou de outro, autorizam a existência, condições sociais e políticas que dão aval às práticas.

Essa institucionalização não dá conta, no entanto, de outros aspectos da prática que, frequentemente, passam despercebidos. Nem sempre são desmontados os discursos autoritários, as práticas automatizadas, os elementos não verbais, gestos que, por naturalização ou consentimento, medo ou pacto, ficam dançando nos fluxos – nem sempre sintoma, nem sempre algo que pede um olhar crítico. As instituições formadoras, do mesmo modo, não atinam para toda a movimentação política e agem como se nada estivesse acontecendo ao redor, mantendo uma atitude distante e alienada.

De modo geral, entendo que toda doença é social. Sim, ela pode ser tratada com remédio. Sim, podemos cuidar apenas dos sintomas mais superficiais. Sim, podemos achar que a doença está "na cabeça". Isso não modifica a compreensão histórica que faço do sofrimento humano, do mal-estar presente nos sintomas que se presentifica nos corpos assujeitados.

O outro que procura

Alguém que se dispõe a uma nudez que poderá ou não acontecer. Uma história, cicatrizes, feridas que se deixam conhecer pelo corpo, pela fala, por corpos e falas que se contradizem, pelo emudecimento dos corpos, pela verborragia que não fala. Algo que supostamente faz que essa pessoa tenha vindo a esta sala, a alguma sala.

Nesse momento, acontece a confluência de duas vidas (às vezes três ou mais, quando um casalou um grupo de pessoas se apresentam), tangenciamento de subjetividades que serão mais ou menos afetadas. Trata-se de uma relação, de luta de interesses, de defesas cegas, de obediência fingida ou verdadeira e, muitas vezes, felizmente, de transparência.

Alguém que vem por meio de uma indicação (de um amigo, de um ex-cliente, de um profissional), muitas vezes em razão de um sintoma (uma depressão, um mal-estar emocional ou físico, conflitos frequentes na família ou no trabalho, agitação...), e que pode perscrutar tudo: a sala, os sons, as cores, os movimentos, a ansiedade, o profissional, as roupas do profissional, o que ele diz (ou não), as expectativas que serão atendidas ou frustradas...

O sujeito que está diante de mim é também um cidadão que foi constituído por uma história em uma família, em um país, dentro de uma classe social, com uma cor de pele e uma orientação sexual, com êxitos e frustrações, e que terá um discurso mais ou menos claro, mais ou menos "verdadeiro".

Ninguém garante o sucesso ou o fracasso (ideias obviamente relativas às narrativas sociais vigentes) desse encontro, em função das infinitas variáveis que estão em jogo – a maioria delas, talvez, absolutamente inconscientes. O mais evidente é que, de lado a lado, muitas estratégias estão armadas em um conflito agônico, na melhor das hipóteses. A outra possibilidade é de algo superficial, travado no consciente, pactuado para não mexer em feridas.

DESCONTINUIDADE

O caráter trágico, agônico, claramente narrado em *Édipo rei*, de Sófocles, pressupõe *luta*. Quando falamos de luta, pressupomos forças opostas que se encontram para decidir entre vida e morte. Essas forças se ant*agonizam*: não há necessariamente a ideia do bem contra o mal, mas a oposição entre *o sabido e o não sabido, o temido e o possível, a proteção e o desamparo, se se trata de diferença ou repetição, de abertura ou restrição.*

Suponho ao menos três lutas: do psicodramatista consigo mesmo, do cliente consigo mesmo e entre psicodramatista e cliente.

A *primeira luta* diz respeito ao profissional e seu conhecimento, seu conforto, sua autoridade constituída, que será posta à prova na medida em que compreende o acontecimento com o cliente, o qual, de algum modo, busca no mínimo uma compreensão para sua questão. O papel social de psicodramatista será desafiado pela dor do outro, o prot*agonista*, com todas as suas defesas.

A *segunda luta* se refere ao cliente consigo mesmo, quando protagonista, na medida em que necessita expor, fazer o bom combate entre o conhecido e o insurgente, revelar aspectos vergonhosos, obscuros, que denotam arrogância, fragilidade, medo. Para muitos, chegar até outro alguém que olhará para sua vida não é um caminho fácil. Alguns levam meses, anos para consegui-lo. Outros, a vida toda.

A *terceira luta* é a que mais nos interessa, pois nela os aspectos marcada e visivelmente políticos são mais notáveis que nas outras duas lutas, embora, do meu ponto de vista, a luta de indivíduos consigo mesmos frequentemente revele embates conhecidos no mundo externo. O embate entre psicodramatista e cliente, este outro, ganha materialidade. O embate pode ser sutil e delicado, mas, às vezes, é aberto e desafiador. As tais verdades são postas, escancaradas à luz. O jogo de esconde-esconde é travado.

Tentarei esmiuçar essas lutas a seguir, mas antes pergunto mais uma vez: o que isso tem que ver com política?

Política tem um caráter agônico na medida em que indivíduos e grupos buscam alguma visibilidade, algum sentido de existência, direitos e possibilidades em espaços comuns. O sofrimento humano produzido no social é resultado de modos normatizadores ou perversos estabelecidos em papéis sociais e imaginários por um tempo e um lugar, consciente ou inconscientemente. Os poderes codificam normas, indicam comportamentos. Não são decididos em um escritório central, mas se espraiam pelas relações, atendendo às demandas pontuais que trouxerem suposto conforto e suposta segurança. Os poderes nos atravessam com facilidade ou não. Em síntese: se repetimos, com nossos filhos, atitudes que aprendemos com nossos pais, se reproduzimos gestos do vizinho no trato com mulheres ou negros, damos plena vida aos poderes vigentes. Se intercepto esses mesmos fluxos, parando a cena, duvidando do gesto, congelando a fala, não facilito a fluência do conservado, impositivo, opressivo.

Política pode significar, portanto, descontinuidade.

Na crítica ao trabalho do psicodramatista (e, portanto, ao meu próprio), importa muito mais a tentativa de descrição de sintomas que os rótulos nosológicos, pois estes com frequência não dão conta da complexidade humana em suas infinitas relações. Essa preocupação já estava presente no trabalho de Moreno, que dizia lidar com indivíduos que sofriam, e não com rótulos. Continuo seguindo essa indicação.

É preciso não perder de vista, desse modo, que todas as escolhas que fazemos, sabidamente ou não, pressupõem um *modus operandi* não dissociado dos poderes e dos saberes que nos atravessam e nos constituem. Poderes e saberes no pensamento foucaultiano estão inevitavelmente associados. Para que os poderes sejam exercidos, necessitam de saberes que os autorizem. Os saberes, por sua vez, só existem se poderes os legitimarem. Para que ambos existam, condições de possibilidades precisam emergir, dar sustento a suas vigências.

O QUE FAZER COM O QUE FAZEMOS?

Só faz sentido pensar em espontaneidade criadora, conceito fundamental do psicodrama, se for no plural, na diversidade, na multiplicidade, em um sem-fim de respostas e não respostas, de atos insurgentes e difusos que tragam vislumbres do inteiramente outro. Se a dita realidade se impuser como determinante e impositiva, esboços imaginários já trarão a semente do que poderia ser. Tantas vezes, a resposta possível ao que oprime é a produção ficcional.

Um adolescente relata um sonho em que joga bola em um belíssimo fim de tarde. Compreende que jogar bola na praia de um futuro "garante", a seu modo, o registro de uma vida melhor. Outro jovem faz o roteiro de uma ficção que um dia talvez venha a filmar, dando corpo fílmico a seus fantasmas esvoaçantes, habitantes de cortinas, de movimentos vagarosos. Quando o primeiro sonho é relatado no café da manhã da família, que ferozmente protege o adolescente de crescer, o ato adquire uma conotação política, com a mãe perguntando: "É isso que você quer para você?" Ao que filho responde: "Sim". Igualmente, quando o roteiro da ficção começa a ser discutido com o grupo de amigos, quando surge uma filmadora e gente querendo representar o roteiro, temos uma possibilidade politizadora de algo inicialmente sofrido, de um sintoma doloroso dos temores que atravessam aquele adolescente.

Talvez possamos buscar uma *primeira conclusão*: política, de um ponto de vista transformador, é algo que busca o coletivo, que não se encerra no indivíduo, mas o transborda. Nesse sentido, me oponho inteiramente ao pensamento neoliberal vigente nas últimas décadas (Dardot e Laval, 2016) e à sua aposta no indivíduo em detrimento de um pensamento que vise ao comum, ao público, que dê visibilidade e escuta ao indivíduo não separado de um coletivo que o acolha e com o qual compartilhe seus ganhos e suas dores. A questão política diz respeito à *abertura para o social.*

Uma *segunda conclusão* pode ser a noção de algo que se faz concreto. Desse ponto de vista, a política, além de partilhada, é produtora, criadora (um filme, um poema, uma música, um novo olhar sobre uma relação, um projeto). Não se restringe a um *insight*, à narração de um sonho, mas pode fazer desse acontecimento um ato político ao levar para o social a descoberta, a *materialização.*

Uma *terceira ideia* é o entendimento de que os mesmos determinismos que aplacam o desespero, trazem certezas e garantem as estabilidades fazem aproximação com a morte, e não com a vida. Contrariamente a isso, a política, do ponto de vista da mutação, da transformação, tem um caráter mais vitalista, não mecanicista. Vitalismo, aqui, no sentido de construção, de impulso para a criação e a transformação. O político *abre-se ao não sabido.*

Tais conclusões esboçadas nos preparam para ampliar a compreensão dessas lutas.

AS LUTAS

Do psicodramatista

O psicodramatista em luta é alguém que – na contramão daqueles que pregam a autoconfiança desbragada – duvida de seu próprio trabalho, pois ele nunca está pronto. Trata-se sempre de uma obra em construção. Não existe um papel pronto, e sim um papel sendo criado a cada momento. A relação empreendida consigo mesmo deixa o acaso ter lugar, sem tentar sobrecodificar tudo (ou desqualificar o acontecimento) com a técnica, com a interpretação, o desejo de tudo apropriar. Suporta a não explicação, o silêncio do não saber, o vazio do caos.

O psicodramatista trava uma luta à medida que discute consigo mesmo a ética, o jogo que se impõe para fazer valer o equilíbrio, a não omissão diante dos fatos que precisam ser anunciados, sem que isso signifique imposição ou autoritarismo.

Quando o diretor se dispõe ao jogo cênico, a algum tipo de dramatização, pode estar renunciando ao desejo de tudo interpretar, conforme dá corpo e voz ao protagonista. Pode, entretanto, impor algo, não deixando margem para escolhas. Para muitos psicodramatistas (e outros profissionais, é preciso dizer...), a técnica é onipotente pela dificuldade de suportar o cara a cara, o vazio, o mistério. A técnica pode ser apenas um fetiche que substitui o remédio que opera milagres. A invasão de técnicas no mercado psi não é fato aleatório. Um sem-fim de estratégias para isso e aquilo, com cursos e gurus, revela ansiedade em tudo resolver com mudanças apenas e tão somente na sintomatologia. As "transformações" propostas costumam ser superficiais e individualizadas, com evidente desprezo pelo social, trazendo um alívio aparente baseado em catarses pontuais e pouca elaboração. Tudo anunciado de modo não tão diferente dos milagres religiosos. Com frequência, os módulos ministrados para a cura ou para a formação de novos profissionais são intermináveis e caros.

Muitas das técnicas psicodramáticas são instigantes e podem funcionar como instrumentos de luta. Assim, a inversão de papel pode funcionar como a busca desse outro, permitindo distender a compreensão dos fatos, mas ao mesmo tempo apenas confirmar o sabido, sem qualquer quebra no discurso anunciado. A atitude ética exigiria que se olhasse de fora o acontecimento como um espelho do espelho, o que pode ser feito, quando em grupo, pela plateia.

Ao possibilitar apenas atos alegres com resoluções felizes, pactua-se o treinamento de papéis como o aprisionamento de águas paradas. Na ânsia de uma adaptação feliz, o *role-playing* psicodramático pode entrar em plena consonância com o poder disciplinar tal como definido por Michel Foucault (1987). A disciplinarização dos corpos tem como objetivo a normalização, a formação de sujeitos para melhor servir aos poderes, a busca da corporeidade útil, produtiva, e não apenas obediente.

Resta a impressão de que as técnicas psicodramáticas podem ficar ao sabor dos tempos, das ideologias e dos interesses pontuais caso não se constituam continuamente em alicerces filosóficos que indiquem a que servem. Faz parte da luta de um psicodramatista perguntar-se para que está fazendo isso ou aquilo. Sua autonomia junta liberdade e ética, espontaneidade e responsabilidade, imersão e análise.

Um conceito dos antigos gregos discutido por Foucault (2011) em alguns de seus textos e entrevistas, a coragem da verdade, a *parrésia*, parece-me pertinente nesse ponto. Trata-se do risco de dizer francamente algo que pareça essencial. Ela não deve ser confundida com a "interpretação selvagem" ou o "sincericídio", formas violentas e, a meu ver, absolutamente dispensáveis de oralizar ou mostrar coisas. Compreendo esse conceito estabelecido na relação com o outro: a coragem necessária para dizer a tal verdade cujo conteúdo muitas vezes precisa de diluição para ser digerido. Nesse caso, é importante lembrar que estamos diante de alguém frequentemente muito fragilizado, mesmo tendo defesas eficazes, e não de poderosos tiranos que oprimem ostensivamente.

Outro aspecto da luta de um psicodramatista tem que ver com a tensão entre o papel social de psicólogo/psicodramatista e o de diretor de cena. Se o primeiro guarda forte ligação com o social, com aspectos da realidade mostrados aqui, o papel de diretor de cena muda completamente o eixo da atuação, fazendo-o se comprometer com o protagonista, o drama, o trágico e o cômico que se apresentam diante dele. Em algum momento, é possível que a cena leve a lugares em que não havia pensado e a uma imersão no imaginário, a certa perda de controle, resultando algo do político que nos interessa, especialmente quando atinge o caos dos não papéis. Como fica implícito, temos aí um descentramento, um estar fora de si (Merengué, 2001) que em outros tempos parecia ser tarefa apenas do protagonista. Retomando o conceito, porém, penso hoje que ambos necessitam fazer o exercício da saída, de ausentar-se, de correr riscos.

Muitas vezes o papel social de um psicólogo (ou médico, dentista, advogado...) está associado aos poderes e saberes que a sociedade lhe outorga. É, portanto, uma autoridade com *status* social, diploma, registro no devido conselho profissional, sabendo técnicas que constituem sua atuação e podendo aplicá-las. Já o papel de diretor, embora construído com material social, pode se aproximar dos fluxos inconscientes, de certos descontroles, algo descentrado, novo. Entendo essa tensão como política, pois envolve a mudança, o desarranjo na hierarquização, a mobilização de papéis, a revisão ética e estética da cena imaginária, psicodramática e, talvez, social.

Desse outro que procura

A luta desse outro que procura auxílio para aliviar uma dor ou compreender um sintoma incômodo passa por algumas questões importantes. Primeiro, o próprio ato de procurar alguém que o escute pressupõe desprendimento, disposição a alguma nudez, autorização dada a si, às vezes pelo outro. Alguns são incentivados; a outros, a procura é imposta. Tudo isso é, evidentemente, revelador de uma configuração social, de uma tensão existente. A explicação do "por que procura?" passa por muitas explicações: "não suportava mais", "minha mulher mandou", "meu pai exigiu", "estou sendo processado pela justiça"... De um modo ou de outro, a sociedade aí se apresenta, fraturada, porque algo não está funcionando. Muitas vezes, pede-se um corretivo, um gesso para juntar os cacos e fazer tudo voltar às normas vigentes. No viés político, é importante mostrar os bastidores da sociedade, como são produzidas as normas a que o indivíduo quer se submeter. Em certos casos, o desejo de submeter-se voluntariamente é imenso.

Outro aspecto da luta do cliente diz respeito às escolhas do que falar, mostrar, revelar de si mesmo perante o outro – o psicodramatista, o marido ou a mulher ali presente, o grupo que o cerca. Muitas vezes, a tarefa é apenas fazer visível o que já é visível, parafraseando Foucault. Noutras, nota-se grande desconhecimento do que faz sofrer.

O forte *sentido social e político dos afetos e sentimentos que atravessam os indivíduos nem sempre é associado a uma dor ou um sofrimento.* A mulher se diz culpada por ter se casado grávida, tendo seu marido sido "obrigado" a se casar. Daí uma sucessão de jogos de controle, nos quais a culpa vai se transformando em combustível para uma relação abusiva, perversa. A culpa, quando socializada, desvela o caráter vergonhoso de mostrar-se, pois, cúmplice da crueldade. Por sua vez, se for desvelada a genealogia da história, teremos de nos confrontar com aspectos que, ampliados, indicam coisas como: questões de gênero (quem pode?), controle econômico sobre os corpos (o dinheiro e os afetos), a família como local de produção de subjetividades, o indivíduo assujeitado e o indivíduo reprodutor de verdades.

Outros afetos e sentimentos demonstram o arcabouço subjetivo de uma sociedade, das políticas próprias de um tempo e uma cultura, naquilo que aos poucos um indivíduo ou um grupo desvelam. Quando se amplia um elemento, o indivíduo ou o grupo podem compreender que as lutas não são contra a vergonha que os violenta, mas contra uma sociedade, um Estado, uma cultura que produzem e disciplinam corpos, criam saberes, formatam sujeitos.

Um papel qualquer pode ser revelador dos poderes que circulam em uma sociedade.

Das possíveis lutas de um psicodramatista com esse outro, o cliente

Luta de grande importância, talvez apenas assinalada, muitas vezes intuída, tantas outras de fuga para longe do confronto. Feita de sedução, de delicadeza, com garras, com espertezas, com colaboração ou competição, jogo de opostos ou de iguais em fluxos conscientes e inconscientes.

Às vezes de cenas soterradas, outras de cenas nunca ocorridas, de mentiras, de verdades desejadas, de pura invenção. A sujeição do indivíduo a si mesmo, aos outros, formas sutis ou explícitas de dominação não são tão facilmente reveladas, porque emaranhadas em lances garantidores de sobrevivência. Como contar que o pai, o próprio, era um investigador de polícia que torturava? Que foi assediada sexualmente pelo avô? Que a mãe (de pele clara) rejeitava explicitamente a filha morena parecida com o pai (de pele mais escura) odiado pela mãe? Como dizer que gosta de apanhar? Como um homem hétero vai dizer que gostaria de ser penetrado? Que espera a volta do pai falecido há uns 20 anos? Que toda a fortuna da família é resultado de negócios escusos?

Fica evidente que, na maioria das vezes, *a luta não se dá contra o outro que aí está e sofre*. As forças que permeiam a relação vêm de outras cenas que teimam em se colocar entre, no entremeio. A dificuldade em não confundir o assujeitado com o processo assujeitador, o sujeito disciplinarizado, patologizado em termos sociais, com a crueldade de uma vida falsamente boa ou verdadeiramente violenta.

Não se trata aqui de buscar confissões que, supostamente, deixariam fazer aparecer um eu, que, dissecado pelo indivíduo, o libertaria (do pecado, do crime, do ser abjeto que julga ser?). Ou seja, não se trata de realizar uma hermenêutica do ser (Foucault, 2010). Ao produzir, reproduzir, inventar configurações sociais ou políticas, associá-las aos climas vigentes na casa, na escola, na igreja, materializando seus cinzas, amarelos, azuis, nigérrimos ou terrivelmente opacos, podemos entender essas linhas assujeitadoras.

A luta está na briga com fantasmas de garras peludas e autoritárias, que podem estar escondidos em tentáculos sedosos, em mães boas, em avós queridas, em patrões generosos, em escolas formadoras, em autoridades respeitadas.

Não se trata, do mesmo modo, de encontrar um si mesmo, pois esse eu-mesmo pode ser apenas uma formação estranha produzida pelo excesso de disciplina, de mimo, de zelo ou punição. Muito mais que ser, trata-se de fazer, costurar, experimentar, se permitir ao voo.

A POLÍTICA NA CLÍNICA

Em consequência das lutas agônicas, supomos um descentrar-se, um desindividualizar-se para melhor existir, para sair de si com a concretização artística, científica ou intelectual na produção criativa com base nos sintomas, rompendo com o risco disciplinador que correm o psicodramatista e seu(s) cliente(s). Isso está sendo pressuposto como um desejável a ser construído, e não, de modo algum, como uma certeza. Pretende-se a luta por uma desadaptação criativa e espontânea, que transite pelo fio da navalha entre o uso das conservas de uma cultura e as novas formas de vida inventadas a cada momento. As conservas culturais, como teorizadas por Moreno, são apenas produtos da criatividade humana, mas sem um caráter político. Há boas e más conservas, mas Moreno não as problematiza o bastante para que possamos compreender a extensão disso no que diz respeito às dominações sutis ou violentas.

A busca obsessiva da visibilidade no mundo contemporâneo (Haroche, 2013) revela a enorme dificuldade a que a imaterialidade das relações tem submetido os indivíduos. Eles sentem tédio, solidão, perseguem expectativas absurdas e buscam desesperadamente na virtualidade as possíveis complementações afetivas. O remédio parece não estar funcionando.

Do mesmo modo, e dentro de uma mesma lógica, uma sociedade neoliberal estimula o tempo todo que o indivíduo seja competitivo, supostamente para que seja ele mesmo ao tentar alcançar metas estabelecidas, mas, na realidade, tornando-o um escravo aprisionado em liames invisíveis, como aventado por Dardot e Laval na obra citada. Isso resulta em indivíduos cansados, muito cansados (Han, 2015), pois perseguem metas impossíveis de ser alcançadas, estabelecidas pela sociedade via escola, família, religião, empresa.

Se a sintomatologia, como codificada na clínica, já vem explicada pelos clientes como uma produção familiar, quando abrimos os círculos e investigamos o contexto social e histórico entendemos a amplitude de uma dor. Ou seja, o que os psicodramatistas parecem ver é a influência mais imediata, ainda "edipificada", construída pela família, pai-mãe-filhos-avós. Dificilmente transcendem esse círculo. Ou, quando o fazem, apelam para mandatos transgeracionais (e, pasmem, de influências de outras vidas!), mas dificilmente para o social e o político. Quando conseguimos romper com a cegueira da imediatez e compreender o presente como o condensado de uma História e, tantas vezes, a imposição de um futuro, temos a possibilidade de experimentar o aqui e agora com liberdade.

Uma cliente conta como quase foi internada em um hospital psiquiátrico quando, em um 24 de dezembro de sua adolescência, cometeu uma "loucura" ao puxar a toalha da mesa com todos os talheres e louças postos para a ceia natalina. A mãe a infernizava, vitimizando-se em razão das inúmeras traições do pai, mas especialmente com o namoro aberto que ele havia anos mantinha com a vizinha, a qual veio cumprimentá-los pela ocasião. A cena, violenta, expressa uma vida de sofrimento da filha, que já havia sido "convidada" na infância pela mãe a pular do Viaduto do Chá (no centro da cidade de São Paulo) em função de tantas amarguras.

Temos aí, pois, uma série de questões condensadas: novamente a problemática dos gêneros e suas "liberdades", a sexualidade monogâmica, no caso bastante opressiva, a dependência econômica da mulher, a depressão e a obsessão, o caráter marcadamente perverso das relações familiares... Enfim, o drama se reproduzindo *ad nauseam*. A compreensão da história e das políticas disciplinares instauradas que produzem sujeitos assujeitados é fundamental para que não se caia em discussões individualizadas com uso de técnicas apenas para aliviar o indivíduo e fazer a manutenção de todo o resto.

As pequenas e grandes mudanças não acontecem fora das relações, mas necessitam de um fora que produza resistência criativa, que force inusitados. Não creio que isso aconteça apenas para o cliente, mas inevitavelmente também para psicodramatistas. Caso estes não se modifiquem nesse fluxo constante, algo de endurecedor deve acontecer.

O que está na base desse pensamento é a incontornável pertença à cultura, aos poderes e saberes que produzem assujeitados. O protagonista, de algum modo, representa também o profissional, caso contrário não faz sentido sua existência como conceito profundamente importante e transformador. Ninguém está fora das patologias sociais, mas necessitamos de um fora que represente alternância para todos. O fora diz respeito à efetiva alternância de transformação, à busca de rotas de fuga no não institucionalizado, a não sair de uma cadeia para se acomodar em outra.

Psicodramatistas que reproduzam sem resistência, de modo acrítico, saberes e poderes que os atravessam são tudo que esperam aqueles que detestam a contestação, as perguntas difíceis que, talvez, possam trazer mudanças efetivas. Assim, algo precisa se instaurar como uma instância que se descole do imediato: psicodramatistas que façam solilóquios, se olhem no espelho, criem um si-mesmo-outro (Henrich, 2018), que perguntem se *é isso mesmo*. A ideia não é a crença em instâncias psíquicas ou sociais que de antemão garantam essa possibilidade, mas a criação no aqui-agora dessas possibilidades críticas com base em estados espontâneos. O grande risco aqui é de um Mesmo se unir a um sabido Mesmo para combater um Outro que se ofereça como saída potente, nem sempre confortável.

A instância que produz alternância, muitas vezes alternância da própria alternância, funciona como o Coro na tragédia grega, questionando a cena que se desenrola à sua frente, reclamando, indagando, dialogando, se desesperando. A ideia aqui defendida é a possibilidade de ir além, produzindo cenas fictícias que dialoguem com a narrativa central sem ser determinadas por ela. Por isso, a arte e a filosofia podem ser aberturas possíveis e inesperadas.

Certa inutilidade de algumas coisas, revela o filósofo Nuccio Ordine (2016), é algo de suma importância: a verdade nunca está na verdade que, quando e como verdade, já não é. O inapreensível, o que escapa, a cena inútil e desapropriada, a mentira que foi desprezada, o que ficou à margem são coisas que talvez se deva levar em conta. Esses fluxos conscientes e inconscientes que incluem indivíduos e relações são feitos de material amplamente servido em uma cultura. Impossível, desse modo, não remeter as intensidades, as demandas e os interesses aos saberes e aos poderes de um tempo.

Não custa perguntar se a clínica é o lugar para tratar de misoginia, racismo, homofobia e outras patologias sociais. Nunca ninguém me procurou para isso, mas tive diante de mim mulheres oprimidas, gays e lésbicas perseguidos e expulsos de casa, negros que nitidamente sofriam preconceitos. Além de deficientes físicos, gagos, feios, disléxicos, pedófilos apavorados com o próprio desejo, os muito altos e os muito baixos, os corpos indesejados e tantos e tantas diferentes e, muitas vezes, rejeitados. No micro, a nudez é muito dolorosa. No macro, talvez estejam se exibindo nas redes sociais do mundo.

Fica com isso muito claro que as vítimas de atitudes amplamente autorizadas surgem com frequência, mas dificilmente seus algozes. Quando estes aparecem, algo muito raro, é por estarem em posição de vítimas, pressionados pela família, pela polícia, que os encurrala e avisa que o jogo está se encerrando.

A busca do totalitarismo, para preencher plenamente todos os vazios com conservas culturais, parece ser desejo autoritário que impossibilita a criação, a mobilidade, a transformação. O *gozo da criação* difere substancialmente do gozo do consumo, do gozo pela produção de produtos da e na sociedade de mercado. O gozo criativo pressupõe o movimento inapreensível pela sociedade de controle, na qual todo gesto é registrado como possibilidade de venda, um *indivíduo do consumo* e *para o consumo*. O controle total é a característica da sociedade chamada de ultraliberal.

Quando isso é levado ao extremo, chegamos a uma sociedade fascista, totalitária, já não parecida com os totalitarismos produzidos no século XX, mas neofascista, com controles por meio da tela, com a submissão de corpos sem gritos, torturas nem imposições físicas. No século XXI, os indivíduos se deixam invadir, autorizam a invasão, já cansados de lutar pela sobrevivência, substituem o imaginário pela imagem, o tesão pela pornografia, o toque pelo *like*, o coletivo pelas virtualidades. O mais importante é o controle do desejo, reinventá-lo para o consumo, para melhor controlar os indivíduos da forma mais econômica possível. As *fake news* utilizadas nas eleições brasileira e norte-americana exemplificam um controle "sem imposição", atravessado por chantagem, manipulação do medo, estímulo ao fanatismo, acriticismo infantil e devastador.

Os sintomas com os quais deparamos, nossos, de nossos clientes, são construídos nessas culturas. Cada sociedade produz patologias sociais típicas de seu modo de funcionar. O Brasil precisa ter coragem para encarar a crueldade de sua história, a violência indiscriminada contra os mais fracos. Precisa, especialmente, olhar para a naturalização de nosso autoritarismo, para nossa tão conhecida e negada hipocrisia, para a violência silenciada... O silêncio pesado.

Um aspecto fundamental na contemporaneidade tem sido a produção de novas "verdades", a criação de linguagens (como em *1984*, o célebre romance de George Orwell), o apagamento de fatos históricos evidentes, como o holocausto ou a ditadura militar brasileira. A coleta de dados nas chamadas *big data* produz um *inconsciente digital* (Han, 2018) jamais experimentado na História. São informações pessoais e coletivas que facilitam o controle de indivíduos e grupos nas eleições, nos hábitos de consumo, nos comportamentos, moldando desejos e atitudes.

Desse modo, uma psicologia centrada no indivíduo e em sua relação com a família torna-se cada vez mais inútil, pois a família está atravessada por um sem-fim de controles externos que, como já mostrou Foucault, sempre esteve a serviço dos poderes vigentes.

O psicodrama trabalha com narrativas. Elas contam uma história real e/ou imaginária. Têm uma articulação entre suas partes, uma lógica que possibilita a compreensão. Dependem da memória do indivíduo, do grupo ou da coletividade. A memória, no entanto, precisa ser narrada para ganhar concretude. A materialização em forma de relato pode ser acolhida, identificada, comparada, desconstruída, reconstruída. Os afetos costuram a narrativa que aponta conflitos, nós, determinismos e acasos.

Dispositivo muito potente para buscar genealogias, perfurar couraças, percorrer escombros, produzir ficções para uma realidade mutante que se impõe ferozmente, o psicodrama necessita, no entanto, de descolonizações constantes. Caso contrário, com certa facilidade, pode ser mais um produto no violento mercado psi de técnicas de poder.

REFERÊNCIAS

Dardot, P.; Laval, C. *A nova razão do mundo: ensaio sobre a sociedade neoliberal*. São Paulo: Boitempo, 2016.

Foucault, M. *Vigiar e punir*. Petrópolis: Vozes, 1987.

______. *A hermenêutica do sujeito*. São Paulo: WMF Martins Fontes, 2010.

______. *A coragem da verdade*. São Paulo: WMF Martins Fontes, 2011.

Fox, J. *O essencial de Moreno*. São Paulo, Ágora, 2002.

Han, B-C. *A sociedade do cansaço*. Petrópolis: Vozes, 2015.

______. *Psicopolítica: o neoliberalismo e as novas técnicas de poder*. Belo Horizonte: Âyiné, 2018.

Haroche, C. *A invisibilidade proibida*. In: Aubert, N.; Haroche, C. *Tiranias da visibilidade: o visível e o invisível nas sociedades contemporâneas*. São Paulo: Fap-Unipesp, 2013.

Henrich, D. *Pensar e ser si mesmo: preleções sobre a subjetividade*. Petrópolis: Vozes, 2018.

Merengué, D. *Inventário de afetos*. São Paulo: Ágora, 2001.

Moreno, J. L. *Psicodrama*. São Paulo: Cultrix, 1974.

Ordine, N. *A utilidade do inútil*. Rio de Janeiro: Zahar, 2016.

Sófocles. *A trilogia tebana*. Rio de Janeiro: Jorge Zahar, 1989.

3. E, pela cidade, lampejos fugidios de vaga-lumes

Ana Paula C. Scagliarini

Num primeiro momento, torpor e desorientação. Algo como: "Quando certa manhã Gregor Samsa acordou de sonhos intranquilos, encontrou-se em sua cama metamorfoseado num inseto monstruoso..." (Kafka, 1997, p. 7).

E, mesmo de olhos abertos, as sensações de uma realidade borrada não cessam; vêm com elas tentativas de delinear pensamentos para além das manchas perceptivas. Encontro-me desperta, mas também em estado onírico, no qual a temporalidade se mistura vertiginosamente, as palavras precisam ser reinventadas para significar algo compreensível. De que tempo se fala, em que língua se fala?

Entendo política como afirmação de uma ética da diferença e da multiplicidade. O estranho, o esquisito, os insetos monstruosos fazem parte de meu cotidiano, no Outro e em mim mesma.

Mas este é um tempo novo. A tecnologia produz uma nova subjetividade, uma nova forma de lidar com a realidade e com o modo de fazer política. Manifestações sociais como o Occupy, a Primavera Árabe, o Movimento Passe Livre no Brasil de 2013 são frutos de uma comunicação em rede. Situações políticas como o Brexit e as eleições presidenciais, também.

A ideia de centro e periferia está em constante mutação, trazendo a todo indivíduo a possibilidade de expressar ideias, pensamentos, opiniões.

Caímos de vez na era da pós-verdade. Os fatos são distorcidos ao bel-prazer de quem quiser, a imprensa pulverizou-se, as narrativas são criadas e repetidas incansavelmente até virarem verdades paradoxalmente inverossímeis.

Os insetos se metamorfoseiam de formas diferentes, violentas, cruas, sem mediação. Proliferam sem que consigamos localizar sua forma de reprodução, posicionam-se em lugares estratégicos, ganham espaços com ideias mirabolantes, esdrúxulas, mas compatíveis para muitos (mais de 57 milhões de eleitores!), numa espécie de loucura compartilhada.

Após tantos avanços no campo democrático, com lutas importantes dos coletivos de mulheres, negros, LGBTQIA+, vamos assistindo a um desfile de contrapontos em que o Outro se tornou o inimigo que deve ser morto.

Ter um governante autoritário, conservador, portador de ideias e ações que se contrapõem a noções básicas de direitos humanos parece levar o processo de desumanização e barbárie a um patamar assustador.

Principalmente porque esse fenômeno não é isolado, pois outros lugares no mundo vivem situações semelhantes, como Estados Unidos, Hungria, Itália, Filipinas, numa espécie de novo *Zeitgeist* (espírito do tempo) conservador que produz expressões de xenofobia, intolerância, crueldade.

Este texto é o percurso desde a apatia e a impotência iniciais diante do inexplicável até a procura e a retomada de inspirações e ações no sentido da resistência: ato político em busca do reXistir (Zanella *et al.*, 2012), atos criadores espontâneos que partem do caos e da desestabilização. Vislumbrar vaga-lumes na escuridão.

Para contar sobre esse caminho, faço a princípio uma pequena atualização sobre as ideias de neoliberalismo, democracia e fascismo. Um dos fenômenos que se radicalizaram nos tempos atuais foram as individualidades extremadas e, com isso, as dificuldades de se comunicar com a Diferença. Exponho duas cenas que ressoam incomunicabilidades: um ato sociodramático, realizado numa universidade com um grupo de alunos, e o fragmento de um atendimento bipessoal.

Desse lugar da angústia, da vivência protagônica de um abismo relacional entre o Eu e o Outro, caminho num entreato para a ideia de resistência. Acompanho uma leitura que Georges Didi-Huberman faz de um texto de Pier Paolo Pasolini, no qual argumenta sobre a ação de se movimentar e sua consequente transformação na perspectiva da apreensão da experiência, como saída para o niilismo. E, assim, as movimentações e experiências que perpassam os papéis de acompanhante terapêutica e de psicodramatista que me compõem começam a delinear as resistências.

Do acompanhamento terapêutico, clínica nômade a céu aberto, busco as inspirações em suas origens. Da socionomia moreniana, o elemento de potência espontânea criadora e de força política multiplicadora de subjetivações.

Segue o relato de uma experiência na cidade, fruto de um movimento coletivo de acompanhantes terapêuticos, e a cena protagônica de um sociodrama, ilustrando que os espaços geográficos da clínica e da rua têm fronteiras cada vez mais permeáveis e que é possível pensar o público e o comum em ambos. Espaços abertos para novas criações, novos arranjos relacionais, novas políticas e novos modos de subjetivação, para a relação com o Fora[1], apontando saídas para as ações do reXistir.

PEQUENAS CONSIDERAÇÕES SOBRE NEOLIBERALISMO, DEMOCRACIA E FASCISMO

Neoliberalismo

> Tanto antes como agora, no velho liberalismo como no atual neoliberalismo, o capital *é* dado livremente ao seu movimento vertiginoso e irrestrito nos mercados liberalizados. Tal movimento do capitalismo [...] tem efeitos desastrosos sobre o mundo: viabilidade econômica instável, destruição de riqueza,

[1] "Não seria exagero dizer que grande parte do pensamento de Nietzsche gira em torno da noção de força. O que é uma força? É relação com outra força. Uma força não tem realidade em si, sua realidade íntima é sua diferença em relação às demais forças, que constituem seu exterior. Cada força se 'define' pela distância que a separa das outras forças, a tal ponto que qualquer força só poderá ser pensada no contexto de uma pluralidade de forças. O Fora é essa pluralidade de forças. O Fora, que é o exterior da força, é também sua intimidade, pois é aquilo pelo que ela existe e se define. O Fora não é a plenitude de um vazio onde viriam alojar-se as diferentes forças previamente constituídas. O Fora é a distância entre as forças, isto é, a Diferença. O Fora será sempre um Entre, e se as metáforas espaciais ainda forem imprescindíveis, acrescentemos: não um espaço, mas 'vertigem do espaçamento' (Blanchot), criação de um espaço pela diferença de um entre-forças" (Pelbart, 1989, p. 121).

> desemprego e empobrecimento, crescente instabilidade social e insegurança no emprego, deslocamento de comunidades, corrupção nos governos, maior concentração de riqueza, aumento das desigualdades e aceleração da poluição e devastação da natureza. Esses efeitos ameaçam destruir a sociedade, a humanidade e até a vida na Terra, mas aparecem como o preço justo a pagar pela alta liberdade a que os liberais e os neoliberais aspiram. (Pavón-Cuéllar, 2017, p. 593, tradução livre)

David Pavón-Cuéllar esmiúça a relação intrínseca do liberalismo e do neoliberalismo com a psicologia. Citando Max Horkheimer, argumenta que a ideia de indivíduo, pressuposto da psicologia, é a própria sustentação desse sistema político.

> Segundo Horkheimer [...], a concepção liberal, "com traços de senso comum, é, em essência, psicológica" [...]. Seria na psicologia, e não na política ou economia, que teríamos de situar a essência do liberalismo. A doutrina liberal, ao contrário de outras doutrinas, como o marxismo, seria essencialmente uma teoria psicológica que diria que os seres humanos são indivíduos que "perseguem seus próprios interesses" e obedecem a outras "forças psíquicas" ao atuar como comerciantes no "jogo recíproco" da sociedade concebido como um mercado [...]. Essa hipótese psicológica estaria na base das políticas liberais que encontramos no capitalismo. (Pavón-Cuéllar, *op. cit.*, p. 594, tradução livre)

Isso corrobora uma visão de ser humano para o capitalismo financeiro e globalizado, que precisa de indivíduos flexíveis, adaptados e empresários de si mesmos, competitivos e prontos para absorver as novidades dos produtos a ser consumidos.

Democracia

Quem é essa senhora de meia-idade que, neste momento histórico, claudica quase se esborrachando no chão? Usando como exemplo a sociedade norte-americana, onde existiria a democracia mais importante do mundo moderno, David Runciman (2018) a situa com idade entre 50 ou 60 anos, tendo emergido com o despertar da emancipação das mulheres e da luta pelos direitos civis.

Embora crises na democracia não sejam privilégio de nossa época, três fatores distinguiriam o momento atual: a forma da violência política e dos golpes de Estado, a ameaça de uma grande calamidade e, por fim, a revolução tecnológica (*Ibidem*, p. 12-3).

Passo brevemente por esses elementos, um a um.

Os golpes de Estado não são claros e definidos como antes. Camuflam-se com ares democráticos, mas cassam as garantias de direitos da população. Só para citar um exemplo: se antes era visível a submissão das Forças Armadas ao governo civil, hoje elas se miscigenam a ele em países como Turquia, Venezuela e agora o Brasil – neste caso, aliás, colocam-se como a voz da razoabilidade no governo. Aqui também vemos como um dos três poderes, o Judiciário, se rende a mesquinhas lutas de poder, transformando o Estado de direito em um estado de exceção.

Catástrofes climáticas nos põem diante da perspectiva do fim da raça humana e da ideia de morte, tão assustadora numa sociedade infantil e imagética. A ameaça não é uma especulação. É real. A possibilidade do fim por meio dos armamentos químicos, a contaminação por pesticidas ou a banalidade do mal no século XX ainda eram capazes de incitar os cidadãos a uma ação e tiravam da democracia "o que ela tem de melhor" (*Ibidem*, p. 102).

Hoje, a possibilidade cada vez mais concreta de colapso do sistema ambiental, o descontrole do poder das novas tecnologias e o medo da interconexão trazem uma angústia intensa e ao mesmo tempo anestesiante, que produz uma paralisação, uma não ação: a impotência. Isso faz que elementos importantes da democracia – como "o que queremos fazer? Quem queremos que faça? Onde queremos ir depois daqui? – se tornem irrelevantes" (*Ibidem*, p. 124).

A internet e as redes sociais transformam cada ser humano num "autônomo", consumidor passivo das próprias opiniões, criando as tão faladas bolhas, em que cada um se circunscreve para encontrar aliados ou destilar ódio aos inimigos. Não há mais espaço para frustrações, e sem frustração não há democracia (*Ibidem*, p. 155).

Tudo é espetáculo a ser consumido. A política se torna produto da mídia. Os partidos políticos têm nas redes sociais elementos potenciais para a democracia, mas ela não pode ser um produto que, "se não serve, eu troco". Vivemos hoje numa crise sem precedentes em relação a nossa confiança no Outro e no futuro. E, sem confiança, a democracia fica em risco.

> Há tempos afundamos no que o sociólogo francês Michel Dobry chamou de "conjuntura política fluida": alinhamentos políticos costumeiros desabaram, poderes trombaram entre si, leis claudicaram. A imprevisibilidade política se espalhou, não se sabe que rumo tomará o Parlamento, que dirá o Executivo. Os atores políticos oscilam entre atônitos e erráticos, as regras se esgarçaram e a confiança em acordos se esvaiu. (Alonso, 2019)

Não mais podemos pensar em categorias amplas como povo, trabalhadores, Estado, cidadão, o que torna muito difícil a ideia de representatividade e a definição clássica da democracia: poder que emana do povo pelo povo e para o povo.

Quem é esse povo?

A pauta se tornou a das "minorias" identitárias: negros, mulheres, LGBTQIA+...

A pulverização do que é povo. A pulverização do povo em milhares de tentáculos, proliferando pelas redes sociais.

Movimento paradoxal: ao mesmo tempo que dá voz a todos, o silêncio se instala rapidamente, sem a construção de uma instância do que é comum. A sensação de que não falamos mais a mesma língua é cotidiana. Como ainda não inventamos nada melhor que a democracia, continuamos a torcer para que, mesmo claudicando, a senhora não caia, quebre o fêmur e morra de vez.

Fascismo

Didi-Huberman (2011, p. 29) relata o fascismo descrito por Pier Paolo Pasolini, cineasta e escritor italiano:

> É aquele que tem por alvo os valores, as almas, as linguagens, os gestos, os corpos do povo. É aquele que "conduz, sem carrascos nem exceções em massa, à supressão de grandes porções da própria sociedade", e é por isso que é preciso chamar de genocídio essa "assimilação (total) ao modo e à qualidade de vida burguesa".

Em 1975, Pasolini escreveu para o jornal italiano *Corriere della Sera* um texto chamado "O vazio do poder na Itália", também conhecido como "o artigo dos vaga-lumes". Nele, criticava a ideia da diferença entre fascismo "fascista" e fascismo "democrata-cristão", aquele que continuou com ares democráticos na Itália do pós-guerra, e tratava do esvaziamento do poder usando a imagem da morte dos vaga-lumes. Os vaga-lumes desaparecem quando as instituições não são capazes de perceber a mudança radical da natureza do poder. A Igreja "não sabia mais o que fazer com o Vaticano como centro de vida camponesa, retrógrada, pobre" (Pasolini, 2012, p. 115). O Exército não soube ler a realidade dos exércitos transnacionais e a família se entregou ao consumismo. Não é demais lembrar que são as mesmas categorias que o psicanalista Wilhelm Reich usou, no livro *Psicologia de massas do fascismo*, para descrever esse fenômeno na Alemanha.

Mesmo respeitando as diferenças entre as sociedades italiana e brasileira, bem como as temporalidades distintas, não é difícil fazer uma analogia e pensar nos anos da Nova República brasileira. Uma sociedade arcaica, coronelista, escravagista, em meio a um acentuado movimento em direção à urbanização e à modernização, culminando na ascensão do Partido dos Trabalhadores ao poder, o qual faz uma opção pela inserção social das classes baixas por meio do consumo.

Apesar dos avanços inegáveis dos movimentos de grupos chamados minoritários em direção a uma sociedade mais justa, não podemos negar a força silenciosa das igrejas neopentecostais, que leem mais e melhor a carência de uma grande fatia da população, do Exército e da família moralista e autoritária. A eleição à Presidência do candidato de extrema direita em 2018 escancara esse fenômeno e nos tira do sono tranquilizador em que nos encontrávamos.

CENAS DE INCOMUNICABILIDADE

Ato sociodramático

Em outubro de 2018, um ato é realizado com um grupo de estudantes de Psicologia de uma universidade por demanda da coordenação do curso, preocupada com a saúde mental dos alunos.

Após um aquecimento grupal, o tema protagônico é a situação de opressão à qual os personagens Alunos e Professores estão submetidos pelos personagens Comunicação, Capitalismo e Poder.

A cena é montada com todos no palco formando uma sequência em que, numa ponta, está o Professor e, na outra, o Poder.

A direção dá voz a todos os personagens na cena, expondo o lado opressor e o oprimido de cada um. Os Professores são pressionados por prazos, burocracias, imposições produtivas, não tendo tempo para ouvir os alunos, e os oprimem com muito conteúdo curricular, prazos. Como não se permitem ou não têm tempo para ouvir, colaborar, tornam a Comunicação um personagem praticamente ineficaz. Os Alunos submetidos ao Poder da autoridade dos Professores, tentando cumprir todas as exigências, os acusam, cobram, rompem a Comunicação com eles e com os outros Alunos. Com isso, sentem-se isolados, desamparados e completamente impotentes diante do personagem Capitalismo.

No compartilhar, o sentimento de frustração e tristeza que se expressa no rosto de cada aluno, com em média 20 anos de idade, é desalentador.

Na cena, eles nutrem compreensão para com os Professores, mas se lamentam dos outros Alunos que não conseguem se articular, estar juntos, que não vão às assembleias, não participam dos espaços institucionalizados. O contexto é de adoecimento físico e mental. Há um aumento significativo no número de alunos em surto psicótico.

Diante do cenário mortífero, a cena funciona como um grande espelho. Em seguida, no compartilhar, tentamos movimentar a espontaneidade criadora e pensar juntos que possibilidades cada um via de costurar o coletivo de Alunos. Como os espaços de encontro também poderiam abarcar uma celebração, onde pudessem ser humanos com

20 anos de idade, tocar violão, cantar, dançar, namorar e também ir juntos ao hospital psiquiátrico visitar os colegas internados.

Fragmento de um caso clínico

Mirta é uma mulher de 75 anos que viveu um casamento tradicional católico e de elite mineiro por mais de 40 anos, cuja característica principal era a submissão violenta ao marido. Depois de ficar viúva, reencontra um amor da juventude, mas este está casado em outro arranjo da tradicional família mineira. Mirta, corajosamente questionando seus valores católicos, resolve viver esse amor clandestino. Se num primeiro momento ele teve um sentido de ruptura, de reavivamento de seu lugar de mulher, com o tempo a relação toma o antigo padrão da submissão. Ser amante a coloca numa posição de estar sempre à espera de quando ele poderia vê-la, nunca o contrário.

Durante a campanha eleitoral, Mirta decide votar e fazer campanha para o candidato de extrema direita. Relata uma situação de violência verbal sofrida quando a filha e a neta discordam veementemente de seu posicionamento e a questionam com base no que chamaram de "contradição", principalmente por sua ação como católica. Nesse momento, a afirmação de Mirta sobre seu voto revivifica a coragem de ter voz e romper com o esperado. Em sua multiplicidade, coexistem papéis submissos, autoritários, contraditórios, cuidadosos, de amor ao próximo, de amante e de esposa perfeita.

Para ela, eu era a "esquerdista" que a respeitava, com quem podia conversar, ser questionada sem violência, numa possibilidade de co-construir outro papel que lhe desse a autonomia crítica de seus posicionamentos políticos, como mulher, como ser no mundo. Mas Mirta interrompe o processo psicoterápico logo após as eleições, deixando no ar a frustração zumbindo como um inseto.

ENTREATO: RESISTÊNCIA

Quando Pasolini anuncia que "não existem mais seres humanos", ou quando Giorgio Agamben, de seu lado, anuncia que o homem

> contemporâneo se encontra "despossuído de sua experiência", nós nos encontramos, decididamente, sob a luz ofuscante de um espaço e de um tempo apocalípticos. (Didi-Huberman, *op. cit.*, p. 78)

Didi-Huberman, historiador da arte e filósofo francês, discorre sobre a chegada do pensamento de Pasolini ao niilismo. Em diálogo com Giorgio Agamben, Walter Benjamin e Hannah Arendt, contra-argumenta e traz a ideia da imagem fugaz e intermitente como a possibilidade de sobrevivência dos vaga-lumes.

Entre a luz dos refletores da estética fascista, que nos cega pela espetacularização, e o horizonte, a "grande e longínqua luz", está a imagem, lampejo fugidio que aparece e desaparece para aparecer novamente em outro lugar... Para ele, Pasolini não pôde naquele momento "ver o espaço – seja ele intersticial, seja intermitente, nômade, situado no improvável – das aberturas, dos possíveis, dos lampejos, do apesar de tudo" (*Ibidem*, p. 42).

Contra o niilismo de Pasolini, Didi-Huberman conclama ao movimento, à procura dos vaga-lumes que ainda existem, o que exige deslocamento para vermos o que não se mostra e experiência para vivenciarmos além da imagem vazia.

> A cotação do valor da experiência caiu, é verdade. Mas cabe somente a nós não apostarmos nesse mercado. Cabe somente a nós compreendermos onde e como "esse movimento [...], ao mesmo tempo, tornou sensível uma nova beleza naquilo que desaparecia (*eine neue Schönheit*)". (*Ibidem*, p. 126)

Como reconhecer vaga-lumes no enevoamento contemporâneo, que embaralha e confunde as formas e as imagens?

A BUSCA DE VAGA-LUMES

Acompanhamento terapêutico

A clínica do acompanhamento terapêutico acontece a céu aberto. A ideia é se mover, fazer circular o corpo, as ideias, as subjetivações. Estar com o acompanhado diretamente em seu cotidiano faz que sejamos lançados no espaço público à procura de possibilidades de acoplamento para dar sentido às existências errantes, buscar novas composições.

Se neste tempo histórico o espaço público parece se encolher e hostiliza a circulação de ideias, seres humanos e suas diferenças, ele também é repleto de possibilidades terapêuticas (Scagliarini, 2015), espaço aberto para atos espontâneos criadores.

O princípio ético de engajamento e compromisso com o humano e seus processos encontra eco num texto de Maurício Porto (2015) em que ele descreve experiências inspiradoras de enfrentamento e criatividade em tempos difíceis, aliando política, sociedade e ação espontânea criadora: François Tosquelles na França, Marie Langer e Enrique Pichon-Rivière na Argentina, Nise da Silveira, a equipe da clínica Pinel de Porto Alegre e os psicodramatistas que incendiaram a cena paulistana da década de 1970 com as práticas grupais e as comunidades terapêuticas.

Circunscrevendo um território da saúde mental, essas experiências repensam a instituição totalitária manicomial por meio de práticas transformadoras e revolucionárias. Elas atuam no micropolítico com reverberações importantes da e na macropolítica, enfatizando que as criações não se fazem sem as porosidades com o Fora.

Tosquelles foi perseguido pelo governo franquista, misturou refugiados políticos, artistas e loucos, sempre numa fronteira móvel e aberta entre o fora e o dentro da instituição. Langer foi expulsa da sociedade psicanalítica por ousar participar de movimentos pela paz e se contrapor ao direcionamento apolítico da psicanálise em Viena. Radicou-se na Argentina e ali teve um encontro profícuo com Pichon-Rivière, que também aliava a política às práticas clínicas. Nise da Silveira foi presa política com Olga Benário e Graciliano Ramos, e todos conhecemos suas realizações no campo da saúde mental, culminando na criação do primeiro hospital-dia do Brasil: a Casa das Palmeiras, no Rio de Janeiro.

Porto também fala de comunidades terapêuticas como a Pinel, em Porto Alegre, e a Clínica Infance, em São Paulo. Cita igualmente o movimento psicodramático, que na década de 1970 promoveu o famoso congresso do Masp, aliando as forças políticas às práticas grupais e desafiando a hegemonia psicanalítica vigente na época.

Para Porto, essas figuras do século XX compõem as origens das práticas clínicas libertárias do acompanhamento terapêutico.

Ele conclui:

> Se o comunismo, o exílio e a invenção dos acompanhantes originais [...] marcam de alguma maneira o acompanhamento terapêutico, é porque, em alguma medida, isso deles é também nosso. Diante do exilado, do sem pátria, do estrangeiro, somos convocados a reafirmar nossa radical condição: sermos "amigos" do outro da fenda. Se não tivermos isso, não somos acompanhantes terapêuticos. Nisso estamos todos, na saúde e na doença. Nosso comunismo é isso: o estrangeiro é nosso Comum. É nesse sentido que toda saúde, e toda doença, é pública. (2015, p. 70-71)

Tosquelles, Langer, Pichon-Rivière, Silveira, Moreno. Revolucionários em suas propostas de relações de autenticidade, coragem e respeito às diferenças, todos ajudaram a compor o que entendemos hoje por acompanhamento terapêutico.

O deslocamento que, para Didi-Huberman, permite a mudança de perspectiva do olhar ressoa nos passos dos acompanhantes terapêuticos e em seus acompanhados pelas cidades. Clínica do caminhar, do trânsito, da passagem, das movências, o acompanhamento terapêutico conversa com o psicodrama e a criatividade de Moreno quando este trabalhava com psicóticos em seu teatro terapêutico em Beacon, no estado de Nova York. Os relatos dos protocolos de atendimento reunidos no livro *Psicoterapia de grupo e psicodrama* (Moreno, 1974) trazem várias situações em que as cenas psicodramáticas se deslocam do contexto dramático e ganham o espaço da casa do acompanhado, da rua e da cidade.

Socionomia

O psicodrama originou-se dos estudos sobre a espontaneidade criadora experimentados na grupalidade da companhia de teatro espontâneo de Moreno. Nasceu da arte, da contestação crítica, da quebra dos protocolos instituídos; tornou-se clínica e também uma tecnologia de análise e intervenção social num momento histórico entre guerras e perseguições políticas.

Uma cena psicodramática rompe o anestesiamento dos sentidos, provocando estranhamento, esgarçamento com o conhecido da conserva apaziguadora, desencadeando e ressoando percepções sensoriais, ampliando nossos sentidos (Rolnik, 2002). Como grupalidade, é feita nos confrontos e embates da relação, do coletivo, do comum. Como clínica, está na relação com a vida. Encontro. Do construir juntos rotas de fuga.

Não se deixar capturar, sustentar o difícil lugar de estar nas margens e bordas, no entre, afirmar sua origem política de contestação e questionamento crítico, transitar entre os saberes da sociologia, da psicologia, da filosofia, das artes.

Nossa autenticidade nas cenas, produção de espontaneidade criadora, Encontros... Resistência aos vazios, cenas espetaculares e espetaculosas, resistência à uniformização, ao Mesmo, sempre na ética da Diferença e da Outridade... o Outro do outro do outro.

Essa movimentação no fluxo das múltiplas dimensões é, a meu ver, aspecto de grande potência terapêutica do psicodrama.

Experiências

Na rua: fim de tarde de uma quarta-feira, dia de feira livre numa praça da cidade. Circulam pelo espaço pessoas fazendo exercícios físicos, caminhando com seus cachorros, gente à procura de bananas, alface, doce de leite, panelas de alumínio.

Um coletivo, composto por usuários do serviço de saúde mental da cidade e acompanhantes terapêuticos que atuam nos setores público e privado, chega ao local, monta uma mesa com café e bolo, estica uma corda para fazer um varal de cartazes sobre a luta antimanicomial e começa a circular pelo espaço abordando as pessoas, distribuindo panfletos e conversando sobre o retrocesso do atual governo no campo da saúde mental.

Espanto, desconfiança, sorrisos, abertura e fechamento; debates com acordos e discordâncias se pluralizam e coabitam.

Quem precisa de psicólogo consegue atendimento, alguns ficam sabendo o que é manicômio, compartilham-se formas de se comunicar com estranhos. Tem quem agradeça por existir hospital psiquiátrico e quem descubra que a um quarteirão dali há um dispositivo de saúde mental.

Somos vários e múltiplos numa polifonia incessante. Ocupar o público e inventar possibilidades de cocriar o comum.

Em 2019, esse coletivo fez, além das idas às feiras livres, festa boa de dançar e um ato sociodramático musical na praça de outro bairro. A proposta é sair às ruas, ocupar a cidade, conversar com as pessoas, estar junto…

Cena protagônica: ato sociodramático realizado em setembro de 2018 na Clínica Trilhas, intitulado: "As (in)tolerâncias do cotidiano: olhares sobre a democracia".

Relato brevemente a experiência…

Começamos o trabalho no aquecimento trazendo para a expressão corporal os personagens do autoritário e do submisso em mim.

A seguinte cena é relatada pela plateia: um casal de homossexuais masculinos chega numa lanchonete e é abordado por um grupo de três homens homofóbicos. O casal, sem saber o que fazer, sai do estabelecimento. O grupo os segue pela rua de carro, jogando o veículo por cima deles, na calçada.

A cena é produzida e, nas reverberações com a plateia, reencenada várias vezes para se experimentarem possíveis ações de resistência à violência sofrida.

No compartilhar dos atores que desempenharam o papel dos agressores, a única possibilidade que os fez recuar da agressão foi quando outras pessoas da lanchonete, em silêncio, se aproximaram do casal, constituindo uma espécie de grupalidade protetora.

A possibilidade coconstruída no estar junto. A experiência do humano, do gesto silencioso do estar com, a mobilização das forças dos afetos produtores de encontros por alguns instantes provocou um recuo na violência. Isso é o que de mais potente podemos vivenciar em tempos tão duros.

ReXistência

Se hoje vivemos um tempo da necropolítica, nada mais revolucionário que a abertura para o grupal e o público, para a tentativa de alinhavar o comum que foi estraçalhado pela exacerbação do modo de operar individualista.

No texto intitulado "Elementos para uma cartografia da grupalidade", Peter Pál Pelbart discorre sobre o tema do comum, traçando um panorama de como ele deixa de ser visto como espaço de abstração para se tornar o espaço de criação e inventividade.

Produção da vida, que abre espaços para que a espontaneidade criadora e sua força possam passar e ganhar terreno.

Mesmo no enevoamento da contemporaneidade, as bússolas são essas experiências vividas do possível, que se corporificam, que deixam entrever vaga-lumes e luminosidades. São corpos silenciosos se juntando, corpos ocupando os espaços públicos com suas vozes dissonantes, criando aberturas, outras formas de se comunicar, costurando artesanalmente conexões de possíveis pertenças, confianças. Sustentações às vezes efêmeras, mas não menos potentes. Frustrações e alegrias.

Se a psicologia foi moldada pelo neoliberalismo e o molda, se o homem neoliberal é individualista, competitivo, flexível, adaptativo, consumista, espetaculoso e narcisista, "sejamos o lobo do lobo do homem, lobo do lobo do lobo do homem...", como canta Caetano Veloso. Provocando e convocando o comum, nossa fratria-alcateia.

Nossa ferocidade composta pela audácia de mergulhar no poder em mim, no violento em mim, na morte em mim, no que em mim há de mais podre e baixo e vil.

E na transmutação dessa ferocidade em coragem para afirmar cada diferença existente.

Visibilizar todos.

A saúde é pública... A vida é pública.

E assim se fazem a resistência e os combates necessários com as armas que temos à mão: sustentação de ativismos humanos no cotidiano. Espaços de estar junto. Olho no olho afirmando a existência daquilo que se quer viver, da humanidade em cada um de nós.

Não penses que isto é uma cidade.
Pensa que é o meu corpo.
Marta Chaves – psicóloga e poeta portuguesa.

REFERÊNCIAS

Alonso, A. "É difícil definir tanto o começo quanto o fim de uma democracia". *Folha de S.Paulo*, São Paulo, 5 maio 2019. Caderno Ilustríssima. Disponível em: www1.folha.uol.com.br/colunas/angela-alonso/2019/05/e-dificil-definir-tanto-o-comeco-quanto-o-fim-de-uma-democracia.shtm. Acesso em: 5 maio 2019.

Didi-Huberman, G. *A sobrevivência dos vaga-lumes*. Belo Horizonte: Ed. UFMG, 2011.

Freitas, A. P. (org.). *Nas trilhas do acompanhamento terapêutico*. Uberlândia: Composer, 2015.

Kafka, F. *A metamorfose*. São Paulo: Companhia das Letras, 1997.

Moreno, J. L. *Psicoterapia de grupo e psicodrama: introdução à teoria e à práxis*. São Paulo: Mestre Jou, 1974.

Pasolini, P. P. "O vazio do poder na Itália". *Revista Literária em Tradução*. Florianópolis, v. 1, n. 4, mar. 2012, p. 104-17.

Pavón-Cuéllar, D. "Subjetividad y psicología en el capitalismo neoliberal". *Psicologia Política*, São Paulo, v. 17, n. 40, set.-dez. 2017, p. 589-607.

Pelbart, P. P. *Da clausura do Fora ao Fora da clausura*. São Paulo: Brasiliense, 1989.

______. "Elementos para uma cartografia da grupalidade". In: Saadi, F.; Garcia, S. (orgs.). *Próximo ato: questões da teatralidade contemporânea*. São Paulo: Itaú Cultural, 2008, p. 33-7.

Porto, M. "Quando a saúde é pública". In: *Acompanhamento terapêutico*. São Paulo: Casa do Psicólogo, 2015.

Reich, W. *Psicologia de massas do fascismo*. São Paulo: Martins Fontes, 2001.

Rolnik, S. "Subjetividade em obra: Lygia Clark, artista contemporânea". *Projeto História: Revista do Programa de Estudos Pós-Graduados de História*. São Paulo, v. 25, dez. 2002. Disponível em: <https://revistas.pucsp.br/revph/article/view/10571>. Acesso em: 29 maio 2019.

Runciman, D. *Como a democracia chega ao fim*. São Paulo: Todavia, 2018.

Scagliarini, A. P. C. "Deus é um grito na rua: o espaço urbano e sua potência como possibilidade terapêutica". In: Freitas, A. P. (org.). *Nas trilhas do acompanhamento terapêutico*. Uberlândia: Composer, 2015.

Zanella, A. V. *et al.* "Sobre ReXistências". *Psicologia Política*, São Paulo, v. 12, n. 24, 2012, p. 247-62.

4. Moreno: da utopia ao possível

Geraldo Massaro

Estais mortos.
Que estranha maneira de estar mortos.
[...]
E mesmo assim os mortos não são, não podem ser
cadáveres de uma vida que não viveram.
Eles morreram sempre de vida.
Cesar Vallejo, *Trilce*, LXXV

Nenhum inquérito é integral.

Dimensionar a visão política de uma pessoa, viva ou morta, será sempre um ato parcial.

Moreno foi um humano intenso, genial, revolucionário, polêmico e cheio de contradições ideológicas. A genialidade e o caráter revolucionário – presentes, por exemplo, na utilização do teatro como psicoterapia e nos trabalhos sobre psicóticos – não garantem uma visão política sempre lúcida. Por tudo isso, qualquer leitura sobre esses aspectos não só será parcial como também difícil. Uma das razões dessa dificuldade é a enorme variação do que significa para nós psicodramatistas esse ser Moreno.

O movimento psicodramático brasileiro, como qualquer movimento social, é político, embora algumas vezes, aqui e ali, apresentem-se propostas pretensamente apolíticas. As diferentes forças que compõem o movimento iluminam certos fatos em detrimento de outros; escolhem seus discursos e agem sob essas escolhas. Cada uma delas, em suas montagens, tenta conduzir o movimento. Nos interstícios entre essas formações ideológicas, encontramos contradições de suas articulações.

Assim, temos Morenos para todos os gostos. Temos Moreno "volta à origem"; temos constantes releituras, algumas delas cínicas; temos contrapontos entre o Moreno europeu e o Moreno norte-americano, e muitos outros... Às vezes damos a nossas convicções alguma semelhança com postulados morenianos e "emprestamos" sua autoridade. Há, portanto, leituras interesseiras, embora existam também leituras ingênuas e outras mais completas. A mais difundida, inclusive nos centros de formação, apresenta um Moreno revolucionário, porém instável; preocupado com o mundo, porém megalomaníaco; genial, porém fragmentado como teórico; intuitivo, porém imediatista.

Não me importam, neste texto, as verdades ou enganos dessa leitura. Importa-me que ela é rasa demais para descrever um ser humano que iniciou um movimento que se tornaria mundial e, de alguma maneira, influencia a vida de pessoas.

O livro do filho de Moreno, *Impromptu man*, me surpreendeu, e muito. Ele traz uma leitura sensata, que foge desses estereótipos. Não os nega, mas não se situa neles. O que surge é um Moreno diferente de nossas leituras, um Moreno político. Um Moreno humano, com seus erros e acertos, mas sempre buscando instrumentos de interferência.

Assim, em Moreno, o psicodrama já nasce declaradamente com uma dimensão política, como proposta de transformação social. É necessário saber, porém, se ele consegue cumprir tal proposta e, caso o faça, sob que condições. Difícil, sensível e perigosa questão. A ela se juntam outras duas: uma vez delineado o movimento de ação que busca a transformação, em que espaço social ela poderá ocorrer e visando a quê?

De que maneira, onde e para quê. Ou, ainda melhor, para quem...

No fim do livro *Psicodrama: descolonizando o imaginário*, de Alfredo Naffah Neto, a filósofa Marilena Chaui elogia o texto, mas questiona se o psicodrama daria conta de tal tarefa. Acho que é esse o centro do que pretendo discutir aqui. Até onde podemos ir, como proposta de transformação social, usando a especificidade de nossos instrumentos? É claro que é possível questionar se, ao analisar os acertos e desacertos de Moreno, não os estarei contaminando com meus próprios desacertos ideológicos. Não há como evitar isso. É o risco de toda leitura que se proponha política…

O que pretendo é ultrapassar um pouco a leitura de um Moreno genial, mas megalomaníaco. Trazer um Moreno político e discutir o uso político de nosso instrumental. Por minha opção, vou procurar esse Moreno político em terras norte-americanas, como sociólogo. O Moreno que propôs a sociatria, não o Moreno europeu que brincava com adolescentes nos parques de Viena e acentuou os efeitos terapêuticos do teatro. Não busco a identidade entre essas duas dimensões, mas suas diferenças, disjunções e oposições, para entender como elas se articulam.

Discutir as ideias de alguém que existiu em outra época tomando apenas parte de sua vida e somente alguns de seus escritos é sempre perigoso. Ademais, toda obra de um autor exprime seus pensamentos, que não são independentes e só podem ser compreendidos nas relações com outros humanos, sofrendo ainda influências econômicas e sociais, embora, às vezes, inconscientes. De certa maneira, falaremos não apenas de uma pessoa mas de uma época.

Como se configuravam os Estados Unidos nos primeiros anos após a chegada de J. L. Moreno, ocorrida em 1925? No plano econômico, era a época do início dos cartéis, da supervalorização do capital financeiro. Da passagem, muito estudada por pensadores, do capitalismo de crise para o capitalismo de organização, ou seja, do florescimento da sociedade de consumo.

No plano social, podemos destacar transformações intensas, como a valorização do estudo dos pequenos grupos e as lutas sindicais. Havia uma ordem social vigorosa e viável, embora injusta. Também foi o ápice de um movimento conservador em suas ideias e no ordenamento de suas ações. Um cenário que guarda aproximações com o que vemos hoje, na era Trump. Acreditava-se, talvez mais intensamente que hoje, na ascensão social pela via do mérito e da determinação. No plano político, predominavam as grandes potências, em geral preocupadas com a exploração de nações mais frágeis.

Os saberes filosóficos que essa cultura produzia eram cheios de abstrações impacientes, com pouca elucidação crítica. Assim, adaptando as verdades às necessidades, ficavam presos nas próprias artimanhas. Das ciências ditas humanas exigiam-se os protocolos metodológicos das ciências ditas exatas, o que, em parte, perdura até hoje. Havia a crença de que tal diferença seria de grau, e não de natureza, e o desconhecimento de que o fato humano não é uma coisa externa, concreta, a ser estudada com as objetivações das ciências físicas. Se aqui bastam a honestidade, a responsabilidade e a exatidão do pesquisador, nas humanas acrescenta-se a influência de sua formação ideológica, presente antes mesmo do início da pesquisa.

"A sociometria trata dos estudos matemáticos das propriedades psicológicas das populações [...]. A sociologia tornou-se ciência à medida que se fez sociométrica, aplicando-se o mesmo ao socialismo revolucionário" (Moreno, 1992, p. 131). Ou ainda: "No momento, o sociograma é o único instrumento disponível que possibilita a análise estrutural de uma comunidade" (*Ibidem*, p. 162).

Nesse contexto havia um ataque explícito ao pensamento marxista, que acarretou uma perseguição a Moreno. Daí decorre uma sociologia que subestimava a importância dos fatores econômicos no estudo dos fatos humanos, como se estes falassem por si sós. Moreno também negava o entendimento da função histórica de cada classe social.

> Revoluções do tipo marxista-socialista estão ultrapassadas: falharam em satisfazer a sociodinâmica da situação do mundo. A próxima revolução social será do tipo sociométrico. [...] o socialismo e o comunismo – junto com suas meias-crias, como o fascismo e o nazismo – têm sido mais rápidos em aproveitar essas oportunidades. [...] O proletariado sociométrico não pode ser salvo por meio de revoluções econômicas. (*Ibidem*, p. 214)

Moreno diz ainda:

> A filosofia do comunismo, particularmente o marxismo, pode insistir em que o domínio, por uma classe social que represente a massa dos produtores, é necessário, de modo que o máximo em termos de justiça, talvez arbitrária, prevaleça. Porém, em uma sociedade sociometricamente planejada,

> a genuína contribuição do coletivismo pode chegar à sua expressão mais completa sem que haja qualquer necessidade de se recorrer às medidas arbitrárias [...]. A sociometria poderá ajudar os Estados Unidos a tornarem-se exemplo marcante de sociedade que não necessita de ideias ou forças externas, não inerentes à sua própria estrutura. (*Ibidem*, p. 211-2)

A preocupação cientificista e objetivante dessa sociologia era afastar a compreensão da influência dos fatores econômicos nos fatos humanos, negando a luta de classes, postulado importante do materialismo histórico. Essa questão não necessitaria de aprofundamento. Nem ao menos se percebia que, por vantagens, alguns grupos sociais procuram manter a ordem existente e impedir uma transformação social mais profunda. Algo semelhante ao momento atual, embora aquela talvez fosse uma época mais ingênua.

Hoje, por meio da análise do discurso, podemos entender como o sujeito humano se forma, subjetivamente, dentro da classe social à qual pertence. Alia-se a uma série de enunciados de sua classe e constrói sua visão de mundo dentro dela. Como se as classes sociais fossem uma espécie de infraestrutura das diferentes visões de mundo.

Naquela época, a sociologia norte-americana preocupava-se mais em medir os afastamentos e as aproximações, inclusive emocionais, entre as pessoas. Era a busca da suposta exatidão das ciências não humanas. Assim, Moreno afirma que "o teste sociométrico é instrumento que examina as estruturas sociais através de medição de correntes de atração e repulsa que existem entre indivíduos em um grupo" (*Ibidem*, p. 194). Não deve existir dúvidas acerca da importância disso. Porém, se não buscarmos entender as razões econômicas e sociais desses fatos, estaremos diante de uma sociologia que não permite entender a relação do homem com outros homens e com seu mundo. Sem o aprofundamento do contexto histórico, teremos uma sociologia acultural e a-histórica, que visa, antes de tudo, à adaptação, à integração e ao desenvolvimento da responsabilidade social mais normatizante. Portanto, que se adapta ao capitalismo vigente naquela época. Isso fica claro em outra passagem:

> O agente de ação ingressa no grupo acompanhado por equipe de egos--auxiliares, se necessário com a mesma determinação, audácia ou violência de um líder nazista ou sindical. O encontro pode transformar-se em ação tão chocante ou entusiástica quanto aquelas de natureza política, com a diferença que os políticos tentam submeter a massa a seus esquemas, enquanto [...] o sociodramatista tenta conduzi-las ao máximo de realização. [...] A dramatização política começa dentro do próprio político e seu grupinho, me é arranjada e cuidadosamente calculada para suscitar hostilidades ou preconceitos contra um inimigo. (*Ibidem*, p. 215)

Moreno, aqui, separa a dramatização do sociodramatista daquela feita pelo político. Como se a dramatização do sociodramatista não fosse política.

Essa sociologia "de medidas" tem sua validade. Dela fez uso, aliás, a psicologia social. Permite compreender, estudar e resolver problemas de pequenos grupos. Ou de pessoas com pequenos grupos. Ou de pequenos grupos entre si.

A questão se situa em sabermos quanto ela permite aprofundar a compreensão dos fatos humanos. E se ela pode ser revolucionária para uma cultura. Não apenas porque produz valores novos mas por promover a transformação de estruturas, a dissolução de sistemas e a transformação dos códigos que regulam o social. E essa não é uma questão de ciência, mas de consciência política.

É nesse cenário cientificista e conservador que Moreno aporta nos Estados Unidos. O que ele produz de conhecimento sociológico encontra-se nos limites dessas possibilidades.

Em muitos outros trabalhos, escolhi frases vibrantes e geniais de Moreno para justificar posições. E espero continuar fazendo assim em futuros textos. Aqui, entretanto, as frases escolhidas não me parecem lúcidas, nem mesmo sensatas. Continuemos com dizeres de dois ensaios pouco conhecidos, publicados nos *Cahiers Internationaux de Sociologie.*

Vamos ao primeiro, de 1947:

> […] a imagem alterada do fenômeno do lucro, nas relações econômicas, reflete a imagem alterada das seleções do plano interpessoal e intergrupal. A revolução social, considerada como fim das lutas sociais, representa um erro de interpretação sociológica […]. Seria interessante examinar como este novo aspecto do problema, se Marx o tivesse levado em conta, teria transformado sua teoria de revolução social. Parece, em todo caso, que haveria de apontar uma ação social revolucionária, não apenas às grandes unidades sociais, mas também às menores, aos átomos sociais, esses primeiros centros de referência e de repulsa, aptos a tornar a revolução verdadeiramente efetiva e permanente. (Moreno, 1947, p. 95)

No segundo, de 1949, Moreno fala sobre os movimentos operários:

> Os pesquisadores, empregando técnicas sociodramáticas, devem começar por organizar comícios preventivos, didáticos e terapêuticos no grupo em que vivem e trabalham; organizar, quando lhes for pedido, comícios do mesmo gênero em toda parte onde se colocam problemas análogos, penetrar nos grupos tomados por dificuldades urgentes ou crônicas, misturar-se nos comícios organizados pelos grevistas, nas refregas de diferentes gêneros e nas reuniões políticas etc. (*Idem*, 1949, p. 66)

Um pouco depois, completa: "A dificuldade encontrada pelo marxismo pode ser resumida numa única frase: sua ignorância da estrutura sociodinâmica autônoma da sociedade moderna" (*Ibidem*, p. 76). Antes, ainda, Moreno escreve: "A experimentação sociométrica visa transformar numa nova ordem a antiga ordem social" (*Ibidem*, p. 51). E finalmente: "Como um bebê, a humanidade só amadurecerá passo a passo; na medida em que uma consciência sociométrica remodelar gradativamente nossas instituições sociais é que a humanidade há de encontrar a estrutura social capaz de servir de quadro a uma sociedade universal" (*Ibidem*, p. 74).

Acho que as frases falam por si. E marcam um Moreno imerso naquela sociologia descrita anteriormente. Que a sociometria forneça poderosos instrumentos de intervenção, ou de microintervenção, é fato inegável. Mas daí a imaginar que a dinâmica de uma cultura seja o somatório das dinâmicas dos pequenos grupos que compõem a cultura vai uma distância muito grande.

Esse importante foco moreniano no imediato das relações da pessoa com seus grupos passa muito mais perto de uma psicologia social que de uma sociatria. Não estou propondo aqui medir a importância dos instrumentos sociométricos. Eu os considero indiscutíveis. A questão se situa, a meu ver, em qual é o alcance possível desses instrumentos em uma revolução social.

Integração às vezes pode se confundir com adaptação. Intervenção às vezes pode se confundir com dominação. Medir afastamentos ou aproximações às vezes pode tirar dos fatos sua significação humana. Ficar no imediato dos conflitos é, às vezes, deixar de entender as contradições reais que esses conflitos refletem. Meramente reduzir os conflitos é, às vezes, tomar posição a favor da ordem social vigente – no caso, do capitalismo – e negar a função histórica de cada classe. Acreditar que problemas sociais da macroestrutura seriam revolucionariamente resolvidos pelo imediato das medidas das relações sociais pode ser ingenuidade.

Claro que Moreno foi muito mais que isso. Foi um ser humano que marcou época e produziu coisas geniais. Tanto que até hoje seus instrumentos são usados em diferentes níveis, e talvez o sejam por muito tempo. Toda a leitura proposta se situa num ponto específico, que é o da inserção de Moreno na sociedade norte-americana, num momento de extremo conservadorismo, em que a ideia de constituir uma sociedade centrada no consumismo estava no auge. E é justamente esse ponto que nos interessa quando pensamos na relação ente psicodrama e política.

Existe um bom argumento em defesa de Moreno. A utopia pode servir como um horizonte que nos chama e se afasta, sempre nos levando em direção a ela – como um roteiro ou um guia. Porém, as frases selecionadas nos mostram que não se trata apenas de seguir ou não uma utopia. Vemos um Moreno conservador politicamente, imerso e adaptado a uma sociedade conservadora e consumista. O que não afasta, já o dissemos, outros aspectos geniais e revolucionários do pai do psicodrama.

Se temos de abdicar da sociatria, que proposta de ação específica do psicodrama poderia auxiliar na transformação da *polis*? Creio que, com esse fim, precisamos abdicar também da busca de uma posição central para agirmos nos espaços periféricos... Ou seja, pensar o psicodrama e o sociodrama não como centros de ação revolucionária, mas como coadjuvantes importantes, usando suas técnicas a serviço de transformações. Trabalhar dentro da especificidade do que somos. Difícil e extenuante questão.

Na escola de formação em psicodrama da qual faço parte, temos proposto centrar nossa busca do saber no estudo da cena, em várias dimensões. A cena e o corpo, a cena e o cinema, a cena e a temporalidade, a cena e as questões ideológicas, a cena dentro da História, as diferentes cenas perante as diferentes dinâmicas psíquicas, as cenas fora do drama, usando as dimensões épicas e líricas, e muitos outros aspectos. Em resumo, é o estudo da cena que articula o centro didático de nossa formação.

Dois aspectos são, contudo, centrais: o primeiro estuda a cena psicoterápica como contraponto da montagem teatral. Não cabe aprofundar o tema aqui, mas apenas apontar que a cena psicodramática se diferencia da montagem teatral quando, ao propor uma imitação do real no imaginário, e usando a ação das palavras não ditas, que é o discurso das imagens, coloca o ser em contato com seu estranho, com seu não ser. Assim, quebrando cristalizações, facilita a reconstrução e põe o ser perante suas consequências, alcançando a interdependência e a solidariedade.

O segundo ponto, ainda mais importante, é certo abandono da cena como promotora de resolução de conflitos e sua substituição pelo uso da cena como espaço de subjetivação. O próprio Moreno (1975, p. 77) anteviu essa posição ao dizer que "as pessoas não querem superar a realidade, querem expô-la. Reexperimentam-na, são suas donas". Essa questão tem surgido em muitas outras vertentes de psicoterapia.

São duas questões intensas e extensas. Não há espaço aqui para alongar-se nelas. Por trás de ambas, há elementos de teorias não psicodramáticas: a dialética das diferenças de Deleuze; a análise do discurso, que toma a linguagem em sua materialidade histórica e é atravessada pela psicanálise; o tema do desejo em Nietzsche; questões lacanianas sobre a origem das psicoses; as formas narrativas do drama, do lírico e do épico; as contribuições do cinema moderno; algumas influências marxistas; estudos da modernidade de Marshall Berman; Michel Foucault, Sigmund Freud e muitos outros...

A cena como contato com o estranho que nos habita e a cena como produtora de subjetividades. Poucos espaços podem produzir tanta subjetivação como a cena psicodramática. É um trabalho que abdica de ser o centro da revolução social, mas que busca auxiliar, dentro da especificidade do ser psicodramatista, a transformação de formas de existência.

Não basta buscar novas subjetividades. É importante, via Foucault, negar subjetividades. Negar veementemente os parâmetros modernos de produção da subjetividade. E isso mediante dramatizações, nosso principal instrumento. Não é um embate nem um debate teórico contra as divergências. É um espaço onde se negam, dramaticamente, dimensões de existências e se buscam subjetividades alternativas. O uso das diferenças. A troca. O encontro.

Desconstruir e reconstruir subjetividades. Nas ruas, onde a hierarquia social pode ser mais facilmente quebrada. No consultório. Em espaços públicos. Em hospitais. Em centros de eventos. Em escolas. Em indústrias e empresas. No inferno, se for necessário.

Pôr as pessoas em contato com suas diferenças, com seu estranho em nós, e criar esses espaços de subjetivação. Ajudar a negar o que só for conserva social de valores e de costumes; negar a subjetividade consumista. Negar não a origem de cada classe, pois isso é impossível, mas ajudar o outro a transcender sua classe ao perceber o histórico de outras. Enfim, possibilitar experimentações do ser.

Isso é uma revolução social? Não.

Como psicodramatistas, precisamos abdicar de ser o centro da revolução e trabalhar, na especificidade de nossos instrumentos, na periferia dela. Mas se trata de um trabalho importante, fermentador, catalisador, preparatório...

Nesse sentido, esse quase desvario de cenas é um ato político.

QUESTÕES POLÍTICAS DO PSICODRAMA NO BRASIL

Na época da colonização, os habitantes aqui encontrados não se mostraram adequados aos interesses dos colonizadores e foram exterminados ou excluídos. Com isso, outro ocupante veio de fora. Nessa exclusão, não havia uma subjetividade que tivesse de ser contornada. Éramos um prolongamento. Mas, como numa viagem suspensa pela metade, não nos tornamos nem europeus, nem americanos. Se tudo é estrangeiro, nada o é. Entretanto, o tecido que compõe nossa formação cultural, bem como os produtos culturais, vem quase sempre de fora. Ocupando um espaço no imaginário coletivo, tais produtos ganham qualidade de coisa nossa. Nossas instituições, nossos modelos políticos, nossas formas de relacionamento e até nossos fatos históricos, com raras exceções, são originários do exterior. Somos brasileiros desterrados do Brasil.

Essa produção que se origina fora dirige-se principalmente a uma pequena camada da população, a que tem poder de compra. O verdadeiro mandante se situa fora e é vivido pela nossa elite como homogêneo a ela, que tem a ilusão de ser um prolongamento da burguesia da metrópole. Assim, tal elite busca uma identidade mais voltada ao consumo que à produção cultural. Crê que se tornará primeiro mundo quando apagar nossa imagem e se livrar de nossas características. Nessa posição, busca controlar anseios profundos por uma enorme desigualdade social, talvez herança de uma sociedade escravista.

Assim, desenvolvemos duas éticas em eterno conflito, e cada pessoa se organiza segundo o papel que representa nesse conflito. Uma vem do que impõe sua língua, seu código. Não quer nomear a terra, apenas possuí-la; e o outro, sendo uma extensão dessa terra, é extensão de seu gozo. A riqueza que busca é aquela que se pega fácil, não a que se origina do trabalho. Sua ideologia econômica, baseada no individualismo e na ideia de mercado, determina que tudo pode ser vendido, trocado e comprado. Isso determina nossas estruturas e nossos fatos históricos. Contardo Calligaris, em seu *Hello, Brasil*, discutiu profundamente tais questões.

Como quase todo produto cultural, o psicodrama surge no Brasil com ideias, imagens e estilos fabricados fora. Seu criador, genial em ideias e propostas, paga um preço por tê-las desenvolvido em solo e época superficiais. Sua criação traz a marca de questões que não são nossas, como a rivalização com a psicanálise, a sociometria como resolução de conflitos e o *American way of life*. E aqui chega, terceirizado por sedutoras mãos argentinas, numa época de intensas transformações sociais. Assim surgimos nós, psicodramatistas, tendo a contracultura de um lado e a ditadura militar do outro. Nas mãos, um poderoso instrumento que, em parte, desconhecíamos. Filhos de múltiplos pais, filhos de pai nenhum.

Em busca de uma identidade brasileira, vão surgindo aos poucos formações ideológicas oriundas, quase que por correspondência, das mesmas dualidades éticas de que estamos tratando. Uma delas, corajosa e forte, produz um objeto novo em nosso horizonte: a Federação Brasileira de Psicodrama (Febrap). Essa força é positivista, sistematizadora e busca um saber administrável, sem risco e facilmente transmissível, num domínio que faz surgir uma estrutura homogênea. Conservadora, tenta resistir ao fluxo e à mobilidade, numa crença quase alucinada em seus princípios. Sob o nome da espontaneidade, simplifica o mundo. Essa proposta de organização logo se choca contra uma resistência profunda, oriunda das condições sociais que oculta. Aos poucos é desarmada, seu projeto de saber se descentraliza e, taticamente, por um tempo aparenta estar reduzida. Mas, de quando em quando, mostra sua cara... Prioriza a ação profissional nas indústrias, agencia currículos, organiza normas, esvazia tensões políticas etc.

A outra força determina outros domínios. Não se pergunta o que quer dizer um saber, mas como ele faz passar intensidades. Seu principal instrumento foi o morenismo. Em sua releitura de Moreno, prende-o num jogo contínuo de repetições. Fragmentos e simulacros de Moreno, cuja função é tensionar as estruturas. Nesse sentido, o movimento que a expressa arrisca-se a tornar-se por demais particular e, aos poucos, deixar de representar o coletivo. Por mais honesta e revolucionária que seja, em alguns momentos tornou-se caudilhista.

Os que tensionam e os que conservam... O de sempre. Não poderia ser diferente como instituição social. Tais formações ideológicas se alternam e conduzem nosso psicodrama. Em alguns momentos busca-se uma síntese dessa disjunção, tentando permitir uma reciprocidade e uma alternância, uma reestruturação de trajetos. Isso poderia ser bom, caso se preservassem as contradições e as dessemelhanças. Mas o poder dessa síntese, por enquanto, pouco tem feito ver e pouco tem feito falar...

É bem verdade que hoje existem muitas coisas fora da Febrap. Instituições autônomas que tentam criar formas diversas de ensino do saber psicodramático. Fazem contrapontos e tensionam as estruturas oficiais, o que é bom. Algumas têm por trás um inquietante personalismo, mas cumprem o papel positivo de incomodar.

E assim vamos levando nosso psicodrama no Brasil. As formações ideológicas às vezes se alternando, outras vezes se digladiando, outras ainda se integrando... Ora ocultando as contradições de suas práticas, ora trazendo-as à tona. Novas práticas surgindo.

Mas qual tem sido a política do movimento psicodramático brasileiro, perpetuado por essas formações ideológicas? Como se dá o poder no psicodrama tupiniquim? Difícil e extensa questão. Vamos tomá-la apenas na superfície, em função de um espaço pequeno e de meus limites...

Poder não é um objeto material, uma coisa que se possui ou não e com a qual se negocia para a construção de uma autoridade política. Poder é uma prática social, é tomado em sua materialidade e construído historicamente. É dentro dessa prática, dessas relações de poder, que conseguimos compreendê-lo. Não se situa apenas na cúpula, no centro das estruturas sociais, mas também na periferia, onde nascem as tensões, os combates, as linhas de força, os pontos de confronto, as formas de sujeição. Torna-se importante reconhecer tais forças, perceber as técnicas e estratégias das quais se utilizam para alcançar seus objetivos. Observar semelhanças e dessemelhanças de seus discursos.

Descrever, mesmo que superficialmente, seus arranjos e suas montagens. Cada força se define pelas formas materiais visíveis que cria e pelo que formaliza em regras enunciadas.

Nesse sentido, o poder no psicodrama brasileiro não se situa no centro organizacional da instituição Febrap, mas na periferia do movimento, e pode ser percebido nas aulas dos centros de formação, nos editoriais das revistas, nos trabalhos produzidos e nem sempre apresentados à Febrap, nos códigos de funcionamento de cada entidade, nas defasagens desses códigos com os da Febrap, nos discursos de abertura dos eventos, nas camisetas com o nome das entidades escrito para que seja visto nos congressos, nas constantes desobediências às normas, nas diferenças dos temários das revistas através dos tempos, nas escolhas das pessoas que abrem ou fecham os congressos, nas disputas mercadológicas ou por alunos; enfim, onde as tensões sociométricas e ideológicas podem ser percebidas.

Muitos anos atrás, quando fui presidente da Febrap, estávamos vivendo uma crise institucional séria. Logo no início da gestão, propus uma pesquisa que envolvesse os principais focos de divergência. A primeira questão, talvez a mais importante, era se precisávamos da Febrap. Estávamos questionando nossa existência. Das cerca de 1.200 respostas que obtivemos, apenas uma afirmava que o movimento não necessitava da Febrap. Ou seja, ela era requisitada pelos psicodramatistas. A Febrap, que foi produzida pelas entidades, é uma necessidade real.

Há o consenso de que estamos em crise novamente. Poucos anos atrás temia-se que a Febrap desaparecesse. Mas esta crise é diferente daquela. Não é resultado de disputas ideológicas, mas de um esvaziamento de interesses. Independentemente dos fatores externos, inclusive os econômicos, o que mais caracteriza a crise, a meu ver, é a falta da prática política em nosso cotidiano. Tensão política virou nostalgia. Os discursos são quase sempre estabilizadores. Algumas vezes artificializam-se sentimentos e emoções para encobrir conflitos ideológicos. Para esvaziar jogos de poder. Isso influi em nossa formação, produzindo psicodramatistas com menor poder de reflexão. Nossas produções tornaram-se mais frágeis.

Talvez por isso estejam surgindo tantas movimentações fora da Febrap, como grupos de discussões na internet e produções paralelas, de que é exemplo este livro... Faltam ao movimento discussões políticas, que tragam divergências à tona. Suscitar não por domínio, mas por estímulo, o aumento das discussões políticas.

Ou seja, a crise é, antes de tudo, uma crise política. E só retomando a política é que poderemos retomar nosso movimento.

REFERÊNCIAS

Calligaris, C. *Hello, Brasil.* São Paulo: Escuta, 1991.

Moreno, J. D. *Impromptu man.* São Paulo: Editora Febrap, 2016.

Moreno, J. L. "La Méthode sociométrique in sociologie". *Cahiers Internationaux de Sociologie*, Paris, v. 2, 1947.

______. "Méthode experimentale, sociométrie et marxisme". *Cahiers Internationaux de Sociologie*, Paris, v. 6, 1949.

______. *Psicodrama.* São Paulo: Cultrix, 1975.

______. *Quem sobreviverá?* Goiânia: Dimensão, 1992.

Naffah Neto, A. *Psicodrama: descolonizando o imaginário.* São Paulo: Brasiliense, 1979.

5. Psicodrama público no Centro Cultural São Paulo: mas o que é público mesmo?

Pedro Mascarenhas

Há 16 anos um trabalho de psicodrama público vem sendo desenvolvido no Centro Cultural São Paulo (CCSP) por uma equipe de psicodramatistas e sustentado, em última instância, pelo movimento psicodramático. Algumas de nossas referências: nosso trabalho é grupal, psicodramático, público, aberto, gratuito para o público e voluntário para os profissionais que nele atuam. Está situado num centro cultural municipal. Trata-se, portanto, de um grupo em que não se controla a entrada ou saída de integrantes, aberto a quem quiser frequentar. Ultimamente, uma média de 60 participantes comparecem a cada sessão: cerca de um terço destes vêm pela primeira vez, outro terço frequenta irregularmente e os demais são frequentadores constantes. Portanto, um grupo com características mistas, segundo classificação de Ana María Fernández (2006); em parte não numerável, isto é, com participantes que pouco se conhecem, e em parte numerável, ou seja, com participantes que conseguem reconhecer outros participantes como conhecidos e contáveis. Em parte processual e em parte ato único.

O trabalho, que se realiza todo sábado, começou em agosto de 2003 como um desdobramento do evento Psicodrama da Ética, realizado em 21 de março de 2001 sob coordenação da psicodramatista Marisa Greeb (Mascarenhas, 2001). Nessa ocasião foram realizados vários psicodramas públicos simultâneos na cidade de São Paulo. Depois, a convite da Sociedade Amigos do CCSP, Antonio Carlos Cesarino formou uma equipe para organizar psicodramas públicos semanalmente. Assim se iniciou esse trabalho.

A coordenação é partilhada por rodízio entre vários psicodramatistas e envolve cerca de 50 pessoas anualmente. Há uma equipe de gestão, da qual faço parte desde o início, que no momento conta com oito pessoas. Portanto, trabalhamos com grupos grandes de usuários e também somos um grupo numeroso de profissionais, desenvolvendo diversos tipos de trabalho psicodramático. A gestão de nosso trabalho é autônoma, em contato com órgãos da prefeitura.

Agora descrevo uma sessão com um breve relato, no qual falo de minha maneira específica de realizar esse trabalho. O psicodrama que pratico segue a linhagem do psicodrama psicanalítico argentino, mais particularmente da multiplicação dramática (Mascarenhas, 1995; 1996; 1997; 1999) de autores como Kesselman e Pavlovsky (1991).

Falarei de uma sessão que dirigi na véspera do primeiro turno das eleições nacionais, em 2018. Nesse dia, não estabeleci um tema prévio. Cerca de 60 pessoas estavam presentes. A cena escolhida, após um longo processo, foi "nebulosa, não sei se tem cena, só sensação de estar sozinho, perdido; com a pergunta: 'O que aconteceu na cabeça?'" No cenário dramático começamos a acompanhar esse personagem, tentando olhar como ele, com ele. Uma cena translúcida, isto é, passam luz, sentimentos, alguns pensamentos, perguntas sem respostas. Sem lugar nem tempo definido. Aos poucos o lugar foi se definindo: estamos num cárcere. Isolado, os muros com algumas inscrições denotam a passagem do tempo para alguém. Ninguém responde aos berros. O personagem ouve um murmúrio sem distinguir palavras. A pergunta continua: "Como vim parar aqui? O que aconteceu? Já não sei quem sou". Agora a cena inicial translúcida passa a ter mais definição de espaço, fica mais nítida. O cenário se detalha.

A partir desse ponto o produtor de cena muda e passa a ser a plateia. Ela expõe várias cenas multiplicadas, isto é, cenas da ressonância. Essa cena inicial assemelha-se então a um cristal, mais transparente e reflexiva, passível de ser atravessada por outras cenas ressoantes da plateia. Seus integrantes agenciam-se com uma parte da cena original, uma face do cristal, construindo uma cena própria. Assim se produz um entroncamento de histórias, e não mais uma história de um único autor. As seguintes cenas são esboçadas no cenário dramático:

- você fez algo de ruim, não vou tirá-lo daí;
- uma passeata antimanicomial;
- sua pergunta é nossa;
- somos todos manipulados a ponto de não saber mais se o que digo é de minha autoria;
- cena de bom-dia ao longe para o prisioneiro ouvir.

No fim, após o compartilhar, perguntam: "Qual foi o tema?" Na hora, pensei: "Encarceramento?" Mas acho que encontrar um tema encarceraria a potência indomável do fluxo de cenas apresentado.

Uma pessoa pergunta ao autor da cena inicial que relação com sua vida ele faz agora, depois de dar visibilidade a sua cena do cárcere. A resposta: "Meu avô foi internado num manicômio e ficou desfigurado como pessoa". O autor não o conheceu, mas recentemente soube de sua história. Aqui também se tenta circunscrever e retomar a referência a uma estrutura personalizável do autor inicial do processo.

Alguns comentários na equipe de gestão do trabalho quando exposta ao relato acima:

"Teria me feito bem participar ontem do psicodrama público. Ontem à noite estive numa angústia gigantesca. Essas dramatizações me representam."

"Puxa, eu não estava lá, mas também me senti representada pela cena escolhida e explorada..."

"Que oportuno."

Fim do relato do psicodrama público.

Deve haver muitas interrogações a respeito desse breve relato de trabalho. Elas ficarão meio suspensas no ar, entre diversas questões. Aliás, essa também foi minha sensação durante a coordenação. Sublinho, por ora, que nessa sessão de grupo ocorreu um espaço de reatualização, de teatralização, de elaboração e criação de subjetividades contemporâneas. Ponto de encontro do singular e do plural.

Agora, um pouco da história do psicodrama nos ajudará a situar-nos nessa complexidade do campo grupal.

Quando penso em psicodrama público, lembro sempre que o psicodrama começou público. Nas praças, com crianças nos jardins de Augarten entre 1908 e 1911, com prostitutas entre 1913 e 1914 e com refugiados de guerra tiroleses no campo de Mitterndorf em 1917, sempre em ou próximo da Viena dos anos 1910 ou 1920, ou seja, cerca de cem anos atrás. Durante a Primeira Guerra Mundial e nos períodos imediatamente anterior e posterior a ela. Portanto, J. L. Moreno foi contemporâneo de Freud em Viena de 1910 a 1925, aproximadamente. Moreno com 21 anos e Freud com 54 anos em 1910. Nunca se falaram pessoalmente. Moreno relata algumas fantasias de encontro com Freud, sempre de confronto com uma autoridade. Pena que de fato não tenham se encontrado.

Duas obras de Moreno mais conhecidas entre nós registram seus pensamentos dessa época: *As palavras do pai* e *O teatro da espontaneidade*, respectivamente publicadas em 1920 e 1923. Nelas, podemos ver o nascimento de alguns conceitos que depois foram mais sistematizados.

J. L. Moreno propunha: "O experimento sociométrico acabará por tornar-se total, não apenas em expansão e extensão, mas também em intensidade, marcando, assim, o início da sociometria política" (1992b, p. 219). A meu ver, uma utopia filtrada dos movimentos políticos e da luta de classes, tão pulsantes, naquela época, nos vizinhos da Áustria. É uma "utopia ilha", parafraseando a crítica de grupalistas quando cunharam a expressão "grupo ilha" (Fernández, *op. cit.*). Isolada da política. Autorregulada e autônoma, voltada a si mesma. Essa utopia passou a ser conhecida como a utopia moreniana.

A utopia é sempre esse ideal do eu, e está presente quando se fala em psicodrama público. Qual é nossa relação com ela? Militância quase religiosa, paixão. Ela pode nos cegar caso se torne fundamentalismo, com um ideal despótico que não negocia como será o futuro. Ao mesmo tempo, nos inspira. Como distinguir? Que outras utopias se associam nesse trabalho na atualidade? Que outras possibilidades há de referência conceitual com essa questão da utopia? Desenvolveremos esse assunto mais adiante.

O trabalho com um grupo aberto contínuo e heterogêneo coloca frente a frente pessoas da maior diversidade com sofrimentos os mais variados. O desafio é proporcionar a oportunidade de ouvir mais de um outro, de ser ouvido por mais de um outro, de se ouvir e criar coletivamente projetos dramáticos singulares independentemente de qualquer leitura psicopatológica. Como diz um dos participantes: "Venho aqui porque o psicodrama do Centro Cultural é como um buraco no muro de Berlim: é poder passar pelo buraco no muro. Vir ao CCSP é um enorme alívio porque é o único lugar onde podemos tratar questões sem precisar ter um título de doente para isso".

Mas esse trabalho, que pode furar muros de condomínios privados, precisa se desdobrar numa Política, com P maiúsculo. Caso contrário, ficamos num barco com um potente motor, porém sem direção, consistência nem consequências – sem significância, diria Castoriadis (2002). Que Política é essa que poderá nos ajudar a gerir e avaliar esse espaço? Uma questão controversa, como qualquer Política, mas necessária, de discussão obrigatória para quem quer tirar mais consequências desse trabalho e torná-lo mais significativo. Que política pode prolongar na história o esplendor de momentos e fluxos criativos?

Vejamos um pouco mais da história do psicodrama.

Este migrou das ruas para o delimitado espaço dos consultórios, das salas de aula e de treinamento atuais. Passou do espaço público a outro espaço, dominado pelas políticas de mercado. Certamente isso influenciou seu desenvolvimento teórico e prático. Um movimento de sobrevivência, necessário para seu desenvolvimento, mas ao custo de diminuir seu impacto revolucionário. Tornou-se predominantemente mais uma forma de psicoterapia, treinamento ou dispositivo grupal. Em 1976, em artigo no livro *Jogo do esconderijo*, Betty Milan já formulava uma interpretação sobre essa evolução: o processo de "privatização" do psicodrama.

Hoje parece prevalecer na sociedade brasileira, mas não só nela, a ideia de que *privado* é melhor. Então se privatiza tudo: saúde, educação, serviços etc. O privado é tido como mais eficiente que o público, sendo este classificado como sede da corrupção e da ineficiência.

Será que o Estado e a sociedade faliram na criação de espaços públicos e abertos para o exercício da cidadania? Certamente alguém se beneficia da crença nessas ideias de falência. Trata-se da questão do mercado neoliberal que penetra em todas as áreas da vida, inclusive nessa, o que nos exige constantes reflexões e reposicionamentos.

A palavra "público", contida no título deste trabalho, é fundamental. Trata-se de um substantivo ou de um adjetivo? Na primeira hipótese, o "público" faz parte da essência do psicodrama. Na segunda, o "público", como adjetivo, seria apenas um tipo de psicodrama. Como já dissemos, psicodrama público nasce como substantivo composto, e depois o público se transforma, no mais das vezes, em adjetivo.

Também podemos pensar que público indica uma característica dos contextos grupal e social, dado que as atividades se realizam numa instituição pública estatal, de forma gratuita, e necessitam de uma série de entendimentos com a instituição. Não é esse conceito de público como estatal, contudo, que nos interessa nesta discussão.

O que se entende por "público" quando falamos de psicodrama público?

A pergunta parece básica demais, mas ajuda a repensar o óbvio. O significado de "público" pode ser múltiplo e variável, de acordo com a época cultural e a necessidade de expressão. Os urbanistas se interessam muito pelo assunto e caracterizam o espaço público de maneira bastante variada: espaço de visibilidade pública; espaço de uso comum e posse coletiva sob jurisdição do poder público; espaço da possibilidade da ação política; lugar de representação e de expressão coletiva da sociedade. A ágora grega pode ser considerada um exemplo precursor de espaço público. Era um espaço aberto, normalmente delimitado por um mercado, no qual se praticava a democracia direta, visto ser ele o local de discussão e debate entre os cidadãos – assim como o teatro grego. Sua mais importante função era a de integração e sociabilidade.

De todas essas caracterizações do público, quero reter uma que particularmente me interessa nesta discussão: o espaço público como condição da cidade democrática, lugar de intercâmbio. De bens, de ideias, de afetos, de fantasias, de projetos, de sonhos. A produção desse espaço de intercâmbio é coletiva e ambígua, feita por meio de disputas, conflitos e articulações com movimentos de privatização, cheia de idas e vindas. Um espaço conflituoso que nos coloca diante do tema de sua gestão participativa e de sua avaliação (Borja, 2006).

No espaço público assim caracterizado, o encontro com a alteridade – ou melhor, com mais de um outro – e a construção conjunta desse espaço de intercâmbio deveriam compor uma de suas características, talvez a tarefa grupal mais central. Sem dúvida, isso se liga a profundos ideais compartidos. Mais que isso: mais que coexistência apaziguada, um espaço para assumir traços do outro e diferir de si mesmo. Intercâmbio com transformação mútua.

De que maneira um espaço de cultura, como um centro cultural ou uma praça pública, abre a possibilidade de construir a compreensão do sofrimento humano, cuidado de si? Todo dispositivo cultural público, como o CCSP ou qualquer rua ou praça – isto é, qualquer espaço público –, tem como função acolher e fomentar um espaço de resistência. Trata-se de um lugar público onde, além de haver convivência, a vida deve ser potencializada numa vivência estética e transformadora.

A dimensão pública marca uma construção coletiva para a inclusão do sofrimento e das diversas situações humanas na vida social e cultural. Marca a possibilidade de não prender o sofrimento humano nas dimensões da codificação dos diagnósticos e do saber da ciência, seja ela médica, psicológica, pedagógica, psicoterápica ou psicanalítica. Dimensões que, aliás, são muito úteis, mas sozinhas não cobrem toda a existência do humano. A dimensão pública abre-se para um saber sobre a vida que vai além e interroga o psicodrama. Interroga, por exemplo, por meio de sua estética fora dos enquadramentos predominantes, de sua ética gratuita, de sua política pública de decisões coletivas em uma minicomunidade temporária.

O espaço público acentua sua característica de dar visibilidade ao humano com sua diversidade e seus sofrimentos. Dá espaço às maneiras mediante as quais a sociedade se relaciona com a diversidade humana, seus sofrimentos e formas de cuidado.

O psicodrama público não oferece psicoterapia no senso estrito, padronizado, da clínica liberal. Constrói, em vez disso, um dispositivo que oferece uma maneira de abordar, de cuidar e de dar visibilidade aos sofrimentos e diversos problemas humanos com uma escuta polifônica e transversal. Uma abordagem baseada na construção coletiva e no intercâmbio que permita o acolhimento e a inclusão. Podemos pensar que isso é uma clínica? Que clínica? Outros trabalhadores do psicodrama diriam que ele não é só clínico, mas educacional e comunitário, abrangendo os diversos campos de trabalho sobre os quais, como práxis grupal, se debruça (Basaglia, Rotelli e Butti, 2008; Desviat, 2018). Esse campo de trabalho pode também se relacionar, muito de perto, com o que Fábio e Leda Hermann chamam de clínica extensa, principalmente na via de mão dupla com a arte (Mascarenhas, 2006; Hermann e Hermann, 2005).

Rascunho, a seguir, algumas possibilidades de pensar esse espaço.

OPOSIÇÃO À LÓGICA MANICOMIAL

Ele se opõe de maneira frontal ao espaço clínico dominado pela lógica manicomial. E aqui temos outra utopia como referência. Diferentemente da utopia moreniana, que é, como vimos, uma ilha isolada, filtrada de política, a utopia antimanicomial é centralmente política, ligada que é ao movimento antimanicomial brasileiro. Mas é antimanicomial não apenas por ser um trabalho extramuros do manicômio, tampouco por atender especificamente pessoas egressas desses serviços – aliás, elas podem frequentá-lo, é um espaço aberto. Ele é antimanicomial por se utilizar de uma lógica totalmente oposta, epistemológica, metodológica e praticamente falando.

O psicodrama público não tem como objetivo isolar e segregar as pessoas em sofrimento. Não se detém no olhar patologizante da experiência humana. Podemos afirmar que é um trabalho antimanicomial, embora não se encaixe objetivamente num trabalho de rede, territorial, como os serviços públicos de saúde mental hoje. Mas não está fechado a isso. Talvez esse seja um horizonte possível desse trabalho, com uma contínua reavaliação da relação entre loucura e sociedade. O espaço do psicodrama público, mais que algo ligado a utopias, talvez possa ser caracterizado como uma heterotopia, no sentido que Foucault (1984) deu ao termo.

CLÍNICA COMO DISPOSITIVO

O psicodrama público recupera a conexão entre a palavra psicológica, íntima e doméstica – *oikos* –, drama do eu-tu, e a palavra política, pública e coletiva – *polis* –, lugar de nossa tragédia. Foi por meio da tragédia, no teatro, como lugar de onde se vê, que os gregos antigos articularam a passagem do mito ao político.

Penso que o psicodrama público é um dispositivo transformador. Um analisador, no qual quem interpreta é variável. O conceito de dispositivo é considerado um dos mais centrais na obra de Foucault, que passou a utilizá-lo sobretudo a partir da década de 1970. A palavra "dispositivo" é de origem latina. Em seus estudos genealógicos e teológicos, Agamben (2011) destaca o termo grego *oikonomia*, gestão do *oikos*, que quer dizer "gestão da casa" (como estamos gerindo nossa casa/grupo/sociedade). Os padres latinos elegeram a palavra "dispositivo" para traduzir para o latim a noção de *oikonomia*. Assim, a noção foucaultiana de dispositivo tem essa herança teológica grega. Uma atividade de gestão que produz, ao mesmo tempo processos de subjetivação. Agamben (2009), acrescentando ao pensamento de Foucault e Deleuze novas concepções, chega à seguinte proposição: "'Dispositivo' passa a ser qualquer coisa que tenha de algum modo a capacidade de capturar, orientar, determinar, interceptar, modelar, controlar e assegurar os gestos, as condutas, as opiniões e os discursos dos seres viventes [...]. O dispositivo atua naquilo que se denomina processo de subjetivação". Uso o termo "dispositivo" nessa direção e também, mais especificamente, no sentido que Ana María Fernández (2006, grifos meus) emprega:

> Refere-se a artifícios tecnológicos desenhados por nós nas intervenções institucionais e/ou comunitárias [...] pensados como máquinas que *dispõem a* [...], que criam condições de possibilidade, que provocam ou põem em visibilidade e eventualmente em condições de enunciabilidade latências grupais, institucionais e/ou comunitárias. (Fernández, 2006)

O conceito de dispositivo, assim compreendido e articulado ao campo grupal, aponta para os processos hegemônicos de produção de subjetividade, o que J. L. Moreno indica no seu conceito de conserva cultural com novos processos de criação, no sentido mais radical do termo: criação de novos mundos possíveis.

CLÍNICO NO SENTIDO ESQUIZOANALÍTICO, COM SUAS DIMENSÕES ÉTICA, ESTÉTICA E POLÍTICA

O psicodrama público é uma clínica no sentido esquizoanalítico, como Guattari expõe. Aqui, diversas utopias se cruzam.

Ético porque, assim como Antígona, tem um compromisso com a amizade, com a vida como potência, que interroga constantemente o que é qualidade de vida e como nos relacionamos com aqueles que são designados doentes mentais ou minorias outras. Mais uma vez aparece o caráter antimanicomial e heterotópico, no sentido de concretizar temporariamente uma utopia por meio do co-pensar, co-criar, co-existir, co-ordenar o grupo na tarefa de desenvolver o co-mum. (Dardot e Laval, 2017; Aguiton, 2019). Vamos caracterizar melhor o conceito de co-mum logo adiante. Dramatizar seu mundo e deixar-se dramatizar por outros. E, assim, ter lugar simbólico no mundo.

Estético porque é uma clínica baseada na produção de criatividade. Nela, expressa-se por meio das diversas formas artísticas, a começar pelo teatro, mas também pela música e pelas diversas formas de expressão corporal. “Pela capacidade que todos temos de fazer de nossa vida uma obra de arte e de nosso árduo trabalho na clínica um gozo estético na arte de curar” (Kesselman e Pavlovsky, 2006).

Político, ou melhor, micropolítico, porque acolhe o estranho em nós e nos outros, em mais de um outro, transitando e transformando diversos mal-estares tóxicos, produzindo subjetividades, heterotopias e utopias. Sonhando junto, co-sonhando. Estimulando a vida não fascista em nós e nos outros. Questiona a produção de micropoderes ao desindividualizar as referências uni-históricas da vida pessoal mediante agenciamentos ressonantes de cenas da multiplicação dramática. O centro está no entrecenas. Navegando pelo "entrepersonagens", muito além dos vínculos pessoais. O protagonismo está no fluxo de cenas.

A micropolítica desloca a macropolítica do Estado, dos partidos e de suas disputas. A micropolítica caminha para os espaços abertos da comunidade, as ruas e sua vida pulsante. Caminha por rizomas, nos quais os sistemas de representação dificilmente conseguem penetrar. Espaço de resistência singular. Potente. O grupal é um espaço de resistência micropolítica.

> Os espaços micropolíticos grupais podem funcionar como território de resistência à anomia – pela criação de novas formas estético-culturais para recuperar a força do instituinte: recuperar a paixão – a potência de atuar –, os afetos alegres e nossa férrea singularidade. (Kesselman e Pavlovsky, 2006)

A QUESTÃO TRANSFERENCIAL NESSA CLÍNICA GRUPAL PÚBLICA ABERTA

Como pensar essa transferência a céu aberto? A prioridade da transferência com a tarefa é uma possibilidade a ser considerada. A reedição, no presente, de vínculos passados e a multiplicidade de objetos no grupo torna complexa sua elaboração e exige uma escolha de prioridades adequada a cada contexto e objetivo: entre as transferências centrais com coordenadores; laterais, com o grupo todo e com o exterior. Pablo Castanho (2018), retomando Pichon, acrescenta a transferência com a tarefa, num contexto de supervisão institucional.

Pichon foi o primeiro a mencionar esse tipo de transferência (Jasiner e Woronowski, 2003), sem grandes elaborações. Creio que é possível e orientador pensar, para esse grupo clínico aberto, também a transferência com a tarefa como orientadora do trabalho (Castanho, *op. cit.*). "Tarefa", aqui, é entendida como trabalho, caminho, um processo estruturante do grupo, questionador do narcisismo e propiciador de prazer de criação. Ela é portadora de um ideal do eu dos membros do grupo. E é também a tarefa o que define a instituição ou o grupo. Trabalhar a transferência com a tarefa articula esse ideal do eu dos membros do grupo com a cultura e a sociedade, com as instituições com que o grupo se relaciona.

E qual é a tarefa central do psicodrama público? A meu ver, é a própria construção de um espaço público, tal como designado acima, destacando a co-construção do co-mum.

A BUSCA DO CO-MUM

Psicodrama público como processo de co-existência, co-experiência e co-criação em busca do co-mum. Como o radical latino *munus* indica: ao mesmo tempo tarefa, obrigação, atividade. Estar junto nesse processo e poder criar coletivamente alternativas, seja para as questões vividas como individuais, seja para as vividas como problemas coletivos. O que deve ser valorizado é a possibilidade de estar junto, criando, instituindo. A sensação de pertencer, de falar com um desconhecido e ser ouvido por um desconhecido num território comum. Criar um lugar, um território, uma heterotopia. Deixar de ser consumidor, objeto, anônimo. Transformar *não lugares* desterritorializados em lugares próprios e singulares de criação.

O comum deve ser entendido como substantivo e como um princípio (Dardot e Laval, *op. cit.*). É diferente de bens comuns; "trata-se de um tipo de relação social, uma forma de gestão social de diferentes elementos e processos necessários para a vida de uma comunidade humana" (Aguiton, *op. cit.*). São relações de gestão social, de colaboração, em torno de algum tipo de elemento material, natural, digital ou do conhecimento, com o objetivo de cuidar, reproduzir e enriquecer aquele elemento e suas formas de gestão. Trata-se de uma resposta à privatização generalizada promovida pelos processos de globalização neoliberal. Distingue-se das formas em que o mercado e a propriedade dominam, e também da esfera dominada pelo Estado. Organiza-se pela autogestão, numa cultura de cooperação e reciprocidade.

CRIAÇÃO DO SONHO COLETIVO E DA TRAMA PSÍQUICA

Em muitas ocasiões, tanto como diretor quanto como membro da plateia, me senti imerso numa atmosfera mágica, onírica, com o grupo.

Sonhando junto. Penso que essa é uma das características básicas do que chamo de terapêutico. Atravessar e se deixar atravessar pelo sonho do outro. Criar juntos condições de sonho onde ele não existe. Poderíamos dizer, em outra linguagem, que se trata de criar uma trama psíquica, o próprio psiquismo. E, voltando à questão da diferenciação entre o público e o privado, penso que o sonho é ao mesmo tempo o que há de mais privado e de mais público. Sonhar junto, e depois contá-lo num grupo, passa pela própria dobra entre o psico e o sócio.

REFERÊNCIAS

Agamben, G. *O que é o contemporâneo e outros ensaios*. Chapecó: Argos, 2009.

______. *O reino e a glória: uma genealogia teológica da economia e do governo*. São Paulo: Boitempo, 2011.

Aguiton, C. "Comuns, a nova fronteira da luta anticapitalista". *Outras Palavras*, 4 abr. 2019. Disponível em: https://outraspalavras.net/pos-capitalismo/comuns-a-nova-fronteira-da-luta-anticapitalista-2. Acesso em: 3 jan. 2020.

Basaglia, F.; Rotelli, F.; Butti, G. *Saúde mental, formação e crítica*. Rio de Janeiro: Laps, 2008.

Borja, J. "Espaço público, condição da cidade democrática: a criação de um lugar de intercâmbio". *Café de las Ciudades*, Buenos Aires, v. 42, 2006.

Castanho, P. *Uma introdução psicanalítica ao trabalho com grupos em instituições*. São Paulo: Linear B, 2018.

Castoriadis, C. *La insignificancia y la imaginación: diálogos*. Madri: Trota, 2002.

Dardot, P.; Laval, C. *Comum: ensaio sobre a revolução no século XXI*. São Paulo: Boitempo, 2017.

Desviat, M. *Coabitar a diferença: da reforma psiquiátrica à saúde mental coletiva*. São Paulo: Zagodoni, 2018.

Fernández, A. M. *O campo grupal: notas para uma genealogia*. São Paulo: Martins Fontes, 2006.

______. *Las lógicas colectivas: imaginarios, cuerpos y multiplicidades*. Buenos Aires: Biblos, 2007.

Foucault, M. "Des Espaces autres". *Architecture, Mouvement, Continuité*, Paris, v. 5, 1984, p. 46-9.

Hermann, F.; Hermann, L. *A psicanálise e a clínica extensa*. São Paulo: Casa do Psicólogo, 2005.

Jasiner, G.; Woronowski, M. *Para pensar a Pichon*. Buenos Aires: Lugar, 2003.

Kesselman, H.; Pavlovsky, E. *A multiplicação dramática*. São Paulo: Hucitec, 1991.

______. *La multiplicación dramática*. Buenos Aires: Atuel, 2006.

Mascarenhas, P. *Multiplicação dramática, uma poética do psicodrama*. Trabalho apresentado para credenciamento como professor supervisor, 1995.

______. "Multiplicação dramática". *Revista Brasileira de Psicodrama*, São Paulo, v. 4, n. 1, 1996, p. 13-22.

______. "'O psicodrama de Adolf Hitler': um paradigma do psicodrama e a sua relação com a multiplicação dramática". *Revista Brasileira de Psicodrama*, São Paulo, v. 5, n. 1, 1997, p. 43-50.

______. "Multiplicação dramática: a multiplicidade heterogênea e caótica do grupo como possibilidade terapêutica". In: ALMEIDA, W. C. (org.). *Grupos: a proposta do psicodrama*. São Paulo: Ágora, 1999, p. 101-10.

______. "A ética da pauliceia desvairada e o psicodrama público". *Em Cena*, n. 18, 2001, p. 6-7.

______. "Olá, como vai? Eu vou indo, e você, tudo bem?" *Percurso*, São Paulo, v. 36, 2006, p. 125-8.

MILAN, B. *O jogo do esconderijo*. São Paulo: Pioneira, 1976.

MORENO, J. L. *O teatro da espontaneidade*. São Paulo: Summus, 1984.

______. *As palavras do pai*. Campinas: Psy, 1992a.

______. *Quem sobreviverá? Fundamentos da sociometria, psicoterapia de grupo e sociodrama*. Goiânia: Dimensão, 1992b.

6. Sobre o silêncio estrondoso e o grito silenciado

Maria da Penha Nery

INTRODUÇÃO

A crise sociopolítica e econômica vivida no país desde 2013 trouxe a necessidade de recriarmos nosso cotidiano e nossa prática profissional. Desde então, passei a observar como os psicodramatistas se manifestam sobre psicodrama e política em eventos, grupos virtuais e em uma enquete realizada em 2016.

Surpreendentemente, a análise dessas observações não se distancia da experiência dos cidadãos do Brasil, que vivem o momento da política que, por meio da pós-verdade e da autoverdade, apregoa o ódio, o ressentimento e o medo. Há um silêncio estrondoso, manifestado pela maioria dos psicodramatistas, os quais põem em primeiro plano as responsabilidades pessoal e profissional, na busca da sobrevivência econômica. A responsabilidade social, presente no discurso da minoria dos profissionais, injeta indignação nas veias das palavras, mas está amarrada pela apatia. Há, ainda, o grito silenciado em relação à tendência ao romantismo das práticas conservadas e adequadas ao mercado.

Um dos resultados é que, para os psicodramatistas, as relações de poder, um dos motores da convivência humana, ficam em segundo plano, tanto prática como teoricamente. Surge, pois, a necessidade de apontar como a ausência das reflexões sobre o poder reforça os limites da socionomia como micropolítica.

BREVE HISTÓRIA DESTE CAPÍTULO

Neste capítulo refiro-me à política, à visão do psicodramatista em relação a sua responsabilidade diante do que ocorre no país, a suas experiências com as relações de poder (nos campos micro e macrossocial) e a como lida com isso em suas práticas profissionais.

Eu me angustiava quando observava que as questões de poder passavam praticamente em branco no meio dos psicodramatistas. Como me sentia só, resolvi buscar ajuda de colegas. Realizamos mesas-redondas em congressos, várias conversas, e eis que projetamos este livro que ora desabrocha.

Depois do doutorado, realizei oficinas sobre poder e afetividade, diversidade, minorias e sexualidade, em que usei sociodramas para compreender a inserção de negros na Universidade de Brasília (UnB). No Congresso Ibero-Americano do Chile, em 2015, os trabalhos relativos à memória coletiva do país e da América Latina me impressionaram muito. Entre nós brasileiros há a ausência dessa memória, de aprofundamento de nossa história, de aprendizado com nossos erros. Lá, trabalhei com o tema "ter poder sem temer", em que coletivamente transitávamos das vivências das cenas pessoais de opressão-libertação para as cenas sociais latino-americanas. Desde então, essas temáticas estão presentes em minha prática profissional.

Em 2016 realizei uma enquete com 18 psicodramatistas do Brasil, formados há mais de cinco anos, sobre seus posicionamentos em relação ao momento sociopolítico e econômico do país. Trago aqui reflexões sobre as principais falas da enquete. Após uma análise de informação (Gonzalez-Rey, 2003), cheguei às seguintes zonas de sentido: 1) A escolha do silêncio estrondoso; 2) A parte pelo todo e o "todo" que manipula a parte; 3) Moreno político; 4) A socionomia como micropolítica; 5) O grito silenciado: a quem serve nossa prática; 6) Política do movimento psicodramático.

Em cada tópico, apresento categorias de respostas e processos que possam viabilizar ou bloquear a criatividade nas relações de poder.

A ESCOLHA DO SILÊNCIO ESTRONDOSO

As frases a seguir (e semelhantes) foram ditas por 60% dos psicodramatistas na enquete: "Meus pais me ensinaram que política é um assunto que não se deve discutir"; "Sigo meu dia a dia na minha prática tentando lidar com a crise e prefiro não falar de política"; "A crise é oportunidade, aproveito"; "Não tenho tempo para falar de política, tenho muito trabalho"; "Ando cansada de política e tenho medo de me expor".

Trago o conjunto dessas falas para a categoria de *responsabilidade pessoal* diante da crise. Trata-se de uma tentativa de sair do sofrimento coletivo por meio do trabalho, aproveitando as possibilidades que a crise eventualmente ofereça. Há o medo de aprofundar o confronto sociopolítico.

Nessa categoria, os psicodramatistas tendem a manter a conserva cultural de dicotomizar o pessoal e o coletivo. Reforçam a ideia de que, embora haja crise, não é o caso de se preocupar com ela, mas de resolvê-la do jeito mais pessoal (e solitário) possível.

Porém, um dos entendimentos de saúde para Moreno é a possibilidade de sair de dicotomias, de radicalismos identitários e da solidão (ou exclusão) social. Em sua teoria dos papéis sociais (1974), ele afirma que há interconexão entre o indivíduo e a sociedade, por meio do coconsciente e do coinconsciente. Como a história pessoal sofre interferências da história social, econômica e política, e nela também interfere, cultura e subjetividade se re-des-constroem constante e mutuamente.

Eis que um colega nos alerta: "Há o silêncio doloroso da maioria [dos psicodramatistas, em relação à crise] [...]. É bom pensar sobre isso!"

Além de doloroso, esse silêncio é estrondoso, fala de nós e por nós. Silenciar é agir. É uma ação com uma dor lancinante. Esse silêncio segue os discursos socioculturais, particularmente aqueles reiterados, promotores de ações que geram as instituições, aprisionando corpos e outras formas de ser e estar no mundo (Butler, 2017). Portanto, um dos riscos do silenciamento, ou do temor de se aprofundar em nossa prática, é a (re)produção da conserva de conduta que está a serviço de manter o *status quo* opressor, alienante e de injustiça nas relações e nas instituições sociais.

E minha angústia cresceu quando passei a me fazer algumas perguntas. O que está por trás desse silêncio entre nós? Como foi construído o medo de falar de política em seus diversos aspectos? Há dificuldades de estar nos confrontos ideológicos/sociais? Não conseguimos perceber que as "consignas", ou propostas de ação, por si só são políticas? E que estamos a serviço da transformação – seja qual for – atuando como psicodramatistas? Em qual "formação" de psicodramatista estamos inseridos?

Sherif (1966) aponta a dimensão pessoal do poder: nas relações de poder atuamos conforme nossos interesses e necessidades; somos naturalmente egoístas e tentamos maximizar privilégios. É importante cuidarmos dessa dimensão, pois seu domínio é reforçado pela cultura capitalista e judaico-cristã e nos traz menos compromisso com o coletivo.

O silêncio em relação às questões políticas pode ter sido reforçado pelo histórico de sociedade escravocrata, submissa à elite do dinheiro. Segundo Souza (2019), fomos feitos de tolos por predadores verdadeiramente corruptos, em particular por meio da grande mídia. Eles fabricaram espantalhos com a corrupção política, que é importante, mas ínfima perto da praticada pelo sistema financeiro, pela mídia e pelo mercado.

Souza afirma também que a manipulação simbólica incentiva o medo e o ódio entre classes e minorias, dentre outras coisas, e nos aliena em relação a diversas realidades, tais como: a dívida pública, que tem origem e auditoria obscuras e consome quase todo o orçamento público do país; as ações da elite do dinheiro nacional e internacional, que, com suas elevadas taxas de juros, paralisa a atividade produtiva, recebe isenções fiscais, sonega impostos e compra empresas públicas a preços irrisórios. Há ainda parcialidade nas ações da justiça, com efeitos políticos, pois não são investigados todos os partidos, empresários e seus paraísos fiscais. Registra-se o custo mais elevado do mundo por políticos, militares e ministros, e não chamamos de corrupção quando bancos e corporações compram 400 deputados.

O isolamento do cidadão, provocado pelo enfraquecimento dos sindicatos e pela diminuição da garantia dos direitos humanos, bem como o sofrimento sem voz com as injustas medidas neoliberais em implantação, que promovem a transferência de recursos para 1% da população, atingiram também a nós psicodramatistas.

O silenciamento e o isolamento nos impõem a consciência sociocrítica dos riscos de reforçarmos extremismos. Segundo Souza (*op. cit.*), todo fascismo é o reflexo de uma luta de classes truncada, percebida de modo distorcido; em razão disso, é violento e irracional em seu cerne. Na base dele está a manipulação de emoções que geram agressividade, como medo, raiva, ressentimento e ansiedade sem direção, sempre com fins de manipulação política. A incompreensão racional, por parte da população, de processos políticos complexos é utilizada para a construção de bodes expiatórios, um modo historicamente eficiente de canalizar frustração e ressentimentos sociais. A marginalização de grupos minoritários e a violência aberta e disseminada contaminam a sociedade por inteiro e são as consequências inevitáveis de todo fascismo.

Na medida em que compreendemos o vínculo orgânico entre a criação do bode expiatório da corrupção política e o processo de alienação quanto ao saque promovido pela pequena elite de proprietários, mil vezes maior, fortalecemos nossa contribuição para a justiça social em nossas práticas psico e socioterapêuticas.

A PARTE PELO TODO E O "TODO" QUE MANIPULA A PARTE

Na enquete com os psicodramatistas, também há falas dominantes ligadas à preocupação com a crise e com a necessidade de adaptação do trabalho a ela: "O que importa é eu me ajustar [em relação à crise] e rever meus honorários, pois meu cliente está com dificuldade econômica"; "O que importa é eu trabalhar bem e eticamente!"; "Ajudo o paciente a viver a crise criativamente".

A categoria dessas falas é a da *responsabilidade profissional*, que leva o psicodramatista a buscar ajustar a prática à crise. Se, por exemplo, a crise é identificada no caminho da corrupção, é preciso ser ético; se é no abuso financeiro vigente no mercado, adequar os honorários.

Aqui a questão da sobrevivência econômica toma a frente, colocando de lado as outras questões existenciais. É como se retornássemos à base da pirâmide de Maslow, e nossa prática, que se situa dentro do sistema capitalista, neoliberal e judaico-cristão, da sociedade líquida e do espetáculo, corre o risco de se resumir a "ter o que comer".

Segundo Carvalho (2018, p. 146), o desespero em relação à economia nos faz esquecer das questões sociais, mas as tentativas de ajuste nos alertam que, "em meio ao desemprego alto, à renda estagnada [...] uma recuperação capaz de reduzir de uma vez por todas a capacidade ociosa das empresas e dar início a um novo ciclo de expansão dos investimentos privados depende de aumentos mais substantivos da renda e do nível de emprego". Para a autora, a política governamental em vigor escolhe desmontar o frágil Estado de bem-estar social e eliminar a atuação estatal no investimento em infraestrutura, muito embora a Constituição Federal de 1988 se preocupe em promover o bem-estar da coletividade. Seu artigo 170 apregoa a valorização do trabalho humano e a livre iniciativa, assegurando a existência digna, conforme a justiça social.

Vasconcellos e Garcia (2019) apontam o grande desafio atual: o equilíbrio entre a liberdade do mercado e a regulação deste pelo Estado. Os autores afirmam que "a atividade econômica se subordina à estrutura e ao regime político do país. As prioridades de política econômica (crescimento, distribuição de renda, estabilização) são determinadas pelo poder político" (*Ibidem*, p. 15).

A necessidade de sobrevivência nos traz o risco de assimilar, sem perceber nem questionar, as ideologias do consumismo, por exemplo, do poder que oprime e torna o outro objeto. Vivemos a alienação laboral e social preconizada por Marx (2005). Evitar a reflexão sobre política (micro e macro) e sua influência sobre nossas práticas contribui para que o todo seja tomado por uma parte e por ela manipulado: acredita-se já estar fazendo algo pelo país quando se é bom profissional e, nesse papel, se ajusta à crise. Assim, o lado profissional resolveria as questões complexas ou estas seriam postas de lado.

Um dos efeitos desse evitamento é o pouco estudo, por parte dos psicodramatistas, das tramas de poder presentes nas práticas terapêuticas, nas relações e na sociedade. Isso promove o risco de trabalharmos com precário embasamento teórico sobre as relações de poder. Nesse sentido, a prática pode se investir do romantismo da expressão afetiva, priorizá-lo e ficar deficitária no aprendizado psicodramático para ações transformadoras nos diversos campos sociais.

A atuação no consultório nos aponta, por exemplo, uma relação de poder com nossos pacientes e como com eles criamos uma verdade no momento, que pode ser questionada no processo criativo e dinâmico. O paciente também nos traz seu histórico de relações de poder e sua vida cidadã, demonstrando-nos como vive suas opressões e como oprime. E nós entrecruzamos com ele nossos aprendizados nesse campo, tentando recriar as relações de poder.

Enfrentamos conjuntamente percursos existenciais que nos machucaram com opressões ou geraram nossas tiranias, mas que não percebemos ou não questionamos. Eis um tipo de troca de conteúdos coinconscientes: nossas histórias de relações de poder se encontram com nossas condutas conservadas, contribuindo para a liberação ou para a manutenção de exclusões, abusos, desigualdades e opressões (Nery, 2014).

Também no movimento psicodramático vivemos as relações de poder. Nos congressos de psicodrama, por exemplo, foi preciso o alerta de uma psicodramatista para que as mulheres também fossem convidadas às mesas-redondas ou divulgadas como participantes do evento. Foi preciso o alerta para que a um convidado estrangeiro não fosse dado o maior auditório do evento, sob pena de esvaziar as apresentações de nossos colegas, que estavam em salas menores. E no Brasil há poucos trabalhos de psicodramatistas relacionados ao racismo, à diversidade sexual, às questões de gênero, às violências doméstica e urbana. A Federação Brasileira de Psicodrama (Febrap) e instituições de psicodrama, por exemplo, ainda pouco se manifestam em relação às medidas governamentais contra os cidadãos mais vulneráveis da sociedade.

A prática terapêutica se expande quando ficamos alertas às pequenas ou às grandes coisas que, ao fazer o tráfego de conteúdos coinconscientes, ajudam a reproduzir o sofrimento social, apoiar conservas culturais opressoras ou evitar a liberação dos corpos em direção a suas expressões mais autênticas.

MORENO POLÍTICO

Da enquete coletamos poucas falas contundentes sobre política: "Temos colegas que defendem princípios de extrema direita, ou até intervenção militar. O que me parece extremamente contraditório com o psicodrama"; "Está tudo uma bagunça, muita corrupção nos últimos anos. O país precisa de ordem, acho que agora ficará melhor com o *impeachment*"; "Temos que dar chances para um novo no poder! Vai acabar com a corrupção. Precisamos ouvir as necessidades do mercado e acabar com a crise econômica!"

Essas falas me trazem questões, e compartilho aqui algumas delas. No mundo contemporâneo, o que é direita e esquerda? O que promove o radicalismo dessas tendências políticas? Intervenção militar e psicodrama combinam? Há medidas e projetos políticos que se aliem à filosofia moreniana? Há alguma ideologia política com a qual o psicodrama se coaduna?

Moreno elaborou a maior parte de suas construções teórico-práticas com base em sua história na Europa do entreguerras. Ele realizou diversas intervenções que abordaram os problemas sociais e as minorias, a organização social e o trabalho dos preconceitos. O preconceito é uma das formas mais pujantes pelas quais um grupo, ou indivíduo, exerce poder sobre outro na sociedade (Guimarães, 2002). Ele é uma das bases das discriminações, das exclusões sociais e da violência.

Os movimentos sociais e as minorias exercem sua força em práticas contemporâneas de poder. Por exemplo, o feminismo e as questões de gênero se contrapõem ao machismo, à homofobia e à transfobia; o racismo é atacado por políticas afirmativas; a gordofobia passa a ser confrontada por celebridades. Ao explorar essas forças entre os grupos dominantes e os *outsiders*, ou os marginalizados, tratamos da necessidade de trabalhar conflitos que complementam os de classe, como mostram Guimarães (2002) e Butler (2017), entre outros. Essas tensões vão além das ideologias da esquerda e da direita e se apresentam dentro das necessidades de ajustes na convivência e na igualdade social.

Moreno, nos anos 1920, em um teatro em Viena, pediu aos participantes que se sentassem em uma cadeira vazia para ser a/o presidente da Áustria em crise. Assim nascia o psicodrama, ao dar voz ao povo. E concluiu: "A sociometria [...] nos abriu os olhos para o 'proletariado terapêutico', que se compõe de milhões de pessoas que sofrem de uma ou outra forma de 'miséria': miséria psíquica, miséria social, econômica, política, miséria racial ou miséria religiosa" (1974, p. 23).

Para ele, nem comunismo nem capitalismo dão conta desse proletariado, sendo necessária a criação da comunidade terapêutica, ou de uma terapia mundial. Em sua utopia, essa comunidade colocaria o capital e o mercado a serviço do povo, e não o povo a serviço deles. O propósito político do autor era o de que a psicoterapia de grupo pudesse "ser comparada com uma tropa de choque de um exército invisível" (*Idem*).

No livro *Quem sobreviverá?*, Moreno discorre sobre o trabalho sociométrico no sistema prisional feminino em Houston. Ele fala da necessidade de evitar a "saturação racial" na busca de interações que suportem um nível e uma quantidade específicos de diferenças, no caso, raciais. E demonstra como as normas microssociais se fazem e se refazem por meio dos conteúdos coconsciente e coinconsciente. Esses conteúdos incorporam as forças criativas e suas intensidades na redistribuição do poder e da afetividade, contribuindo para a saúde das pessoas e dos grupos.

Naffah Neto (1997), em sua perspectiva marxista, questiona a abrangência sociopolítica transformadora do trabalho em Houston, pois Moreno não aponta as origens capitalistas e econômicas presentes nos conflitos do grupo em que interveio. Porém, reconhece a sociometria como uma micropolítica e propõe, para ampliá-la, o conceito de "papéis históricos". Os papéis históricos compõem os papéis sociais, dando-lhes a dimensão histórico-política de cada indivíduo, ao reproduzir as conservas culturais dos grupos dominantes e dominados na sociedade. Portanto, quando exercemos os papéis sociais, experimentamos as vivências afetivo-sociométricas, as relações de poder e as conservas das lutas sociais. Os papéis organizam elementos ideológicos e interacionais caóticos e diluídos no campo social, contribuindo para a criação de novas instituições e novos movimentos sociais (Nery, 2014).

Como nossa vida está repleta de experiências de poder, aprendemos a exercê-lo e temos uma maneira própria de vivê-lo. E, assim, os papéis sociais contêm nossa modalidade vincular relacionada com o poder. Os papéis históricos e a modalidade vincular de poder nos trazem a necessidade da (re)vivência criativa ou do reaprendizado do exercício do poder em nossos diversos campos de atuação.

A SOCIONOMIA COMO MICROPOLÍTICA

Observamos que 40% das respostas da enquete seguia esta via: "É importante uma prática centrada na reflexão crítica"; "Vamos cultivar 'utopia moreniana!'"; "A prática sociátrica é buscar relações justas, inclusivas"; "O psicodramatista precisa ir além de partidarismos – precisa ir mais no sentido político-ético-cidadão, ou seja, acompanhar as políticas públicas"; "Precisamos ter uma preocupação macro e micro (país, cidade, grupos, indivíduo)".

Essas falas estão sob a categoria *responsabilidade social*. Elas nos apontam quanto, nos últimos anos, fomos manipulados por partidarismos, personalidades políticas, ideologias radicais, *fake news*. Essa manipulação ocorre principalmente por meio de uma psicologia das emoções, com ameaças, ódio, medo, ressentimento, indignação e geração de polaridades (particularmente no âmbito moral) para determinados grupos terem poder. Perdemos o foco no que causa e no que mantém a corrupção e o sistema de injustiça social, de violência e de desigualdade econômica.

Outra resposta dizia: "A sociedade está cada vez mais autorreferente, somos um agrupamento de indivíduos (e de profissionais) narcísicos, solitários e abandonados". Temos, aqui, psicodramatistas preocupados com o que Foucault (2014) nos apresenta: a docilização, a apatia, a falta de forças para mudanças. As relações dominantes destrutivas vigoram, por meio de diversos tipos de condutas de punição, de vigilância, de ameaças, de alienação e de requisitos de poder, entre eles o financeiro, o midiático, o estético. Os profissionais apontam a necessidade de trabalhar as ideologias que mantêm o *status quo* das relações abusivas de poder.

De alguma forma esses psicodramatistas afirmam que, por meio da organização, temos condições de reforçar nossa história e nossa identidade de grupo para ganharmos domínio e influência na sociedade.

Turner (2005) aponta que a organização institucional e social contribui para o exercício do poder. Porém, como vimos, o movimento psicodramático tende a repetir conservas culturais de abandono das forças e das questões políticas.

Indo além dos processos identitários e organizacionais, Deleuze e Guattari (2019) afirmam que tudo é político e que a macropolítica e a micropolítica compõem a política. As dimensões macro e micropolítica se articulam, se transformam, formam um todo e são distintas. Em síntese, a micropolítica opera no detalhe, na percepção, na afecção, na conversa. Trata-se de processo eivado de imprevisibilidades, de conjunção, de devir e da medida infinitesimal que pode provocar mudanças em conjuntos maiores. Os campos moleculares são os fluxos em suas intensidades de crenças e desejos, ou o fundo da sociedade, que modificam, por exemplo, conjuntos binários como os sexos ou as classes. Esses campos, por meio das linhas de fuga, promovem o vazamento de algo das dicotomias ideológicas ou existenciais, das decisões normativas e das organizações produzidas pelo campo molar ou pelos segmentos macropolíticos (Ferreira Neto, 2015).

A macropolítica tenta articular o que é organizável e formalizável, opera por modelo, classifica e assume o formato de macrodecisões. Macropolítica são as ações e normatizações promovidas por identidades, movimentos sociais, organizações e pelo Estado. Traz os resultados das relações de poder como normas e pautas de condutas.

Almeida (2018) nos apresenta a acepção de Deleuze e Guattari da política como uma contraposição entre a diferenciação dos fluxos moleculares diante das formas rígidas e identitárias dos segmentos molares (política realizada nos espaços institucionalizados). A tensão entre majoritário e minoritário abre a política para a invenção incessante de novas práticas e formas de vida. Mas os acontecimentos são constantemente problematizados, pois neles há as dimensões do atual, do virtual e do real. O virtual remete às redes implícitas de relações, ao mundo marginal, secreto, que constituem o sentido da experiência atual, ideia ou objeto. O possível presente no virtual apresenta a multiplicidade de cenários, mas apenas alguns deles serão realidade.

A política é uma criação afirmativa, na qual o novo será inserido na atualização do virtual, tornando o real uma criação conceitual única e contínua. E ela acontece com base na carência, na ausência, na falta (Almeida, 2018). Algo precisa ser dado ou melhorado, a exemplo da ausência de direitos e da representação política. A política surge quando os agregados molares, com o poder que gera normas e desvios, são submetidos a desterritorializações. A resistência reconfigura esses conteúdos e elementos. Surgem os devires: um novo povo e uma nova terra, que novamente serão problematizados. Deleuze e Guattari "nos colocam na corredeira da vida. Não é possível nos tornarmos reformadores, o que nos cabe é transformar, transfigurar" (Trindade e Fonseca, 2009, p. 248).

A acepção de micropolítica de Deleuze e Guattari nos ajuda a pensar a socionomia como micropolítica. A socionomia tem a potência metodológica de desenvolver os afetos, as percepções, para o campo das relações tele, ao desvelar conteúdos coinconscientes (presentes na dimensão virtual dos acontecimentos) e promover a sociometria dos constantes novos grupos/subgrupos, na busca da convivência com os diferentes.

A espontaneidade-criatividade permeia os métodos sociátricos, ricos em devir e porvir, num movimento de abertura, atualizando linhas de fuga e desvios. As "verdades" são (des)(re)construídas coletiva e continuamente, em sua dimensão vital e do momento. Elas são carregadas dos fluxos das crenças e dos desejos que problematizam a dimensão molar das conservas culturais. Trata-se de um universo específico do viver pleno e autêntico que facilita transformações-retransformações pessoais e coletivas.

A dimensão macropolítica, das organizações binárias, das conservas culturais em cada indivíduo, no grupo e na sociedade, afetarão e serão afetadas pelos "resultados" impermanentes das construções coletivas em seus momentos.

Na prática sociátrica, associo à dimensão política as dimensões estética e ética: o sentido da construção do diálogo empático e da relação eu-tu, em que pessoas se tratam como pessoas, não como objetos, como afirma Buber (1979).

O GRITO SILENCIADO: A QUEM SERVE NOSSA PRÁTICA

Poucos psicodramatistas disseram algo mais concreto em relação a uma prática sociocrítica: "Quero uma aposta metodológica, que pode se resumir nas palavras "preocupação", "prudência" e "luta". Preocupação com [...] como a imbecilidade crítica tem se expandido, provocando um senso de injustiça. Prudência nas ações, pois é importante abrir espaços para discussões éticas, que proporcionem a alteridade. Ouvir pode ser tão transformador quanto vivenciar. É perigoso tornar o psicodrama um teatro catártico sem pensamento. Perguntar: em que luta estamos? De que somos feitos se não nos lançarmos carnalmente nas ruas? Que psicodramatista serei se não participar da construção do cenário político brasileiro?"

Registramos também respostas como estas: "Quero tentar fazer micropolíticas. Explorar um movimento de reciprocidade para tele e para a empatia nos opositores do debate"; "Procuro facilitar a expressão e o empoderamento do ator para que perceba seu lugar no mundo". Em que medida, porém, nossos métodos são transformadores das opressões vividas pelos indivíduos, das injustiças e das desigualdades sociais?

O psicodrama busca a verdade por meio da ação. Essa verdade é construída nas relações, é uma verdade coletiva, do momento e da história do grupo. Porém, alguns dos limites da prática sociátrica estão em nós, pois corremos o risco do romantismo. Vaneigem (2002) faz uma crítica aos sociodramatistas que não percebem que, com sua prática, podem reproduzir a desigualdade e a injustiça social.

A "boa intenção" dos objetivos e do uso das técnicas na prática socioterapêutica pode ser surpreendida pelos efeitos do poder (Demo, 2003). Efeitos de poder são resultado de ações, medidas e intervenções que poderiam ser emancipadoras dos sujeitos, porém têm o efeito contrário, de favorecer ou manter processos discriminatórios e excludentes.

Alguns colegas na enquete observaram que "nos mantemos num papel de colonizado. Sinto falta de que passemos para atos revolucionários". Diante disso, existe o poder criativo? Ou podemos desenvolver a criatividade nas relações de poder? Se existe, como possibilitá-lo?

Há colegas otimistas: "Dentro da filosofia moreniana de crença no potencial humano, o sociopsicodrama tenta provocar as pessoas a questionar seus papéis sociais e trabalhar as forças de resistência contra formas de opressão"; "Há muita gente boa trabalhando dentro de sua limitação de penetrabilidade na formação de cidadãos críticos [...] um trabalho que culmine na construção de uma sociedade mais inclusiva, humana e saudável".

Outros colegas, porém, se mostram frustrados: "E pensar que um dia espontaneidade criadora quis dizer mudanças sociais! Hoje o entendimento é apenas e tão somente adaptação à realidade das sociedades de controle! Triste!"; "Precisamos de uma sociedade terapêutica, e não apenas de uma técnica terapêutica para a sociedade".

Observo, no conjunto dessas falas, um alerta: há o grito silenciado, há ações paralisadas, há desejos aprisionados.

Matthew D'Ancona (2018) nos apresenta uma das bases de nosso grito silenciado e de nosso silêncio estrondoso quando afirma que o momento atual da sociedade é o do desmoronamento da verdade. Ele diz: "Em 2016, os *Oxford Dictionaries* escolheram 'pós-verdade' como sua palavra do ano, definindo-a como forma abreviada para circunstâncias em que os fatos objetivos são menos influentes em formar a opinião pública do que os apelos à emoção e à crença pessoal" (*Ibidem*, p. 20). As falsas notícias contribuem para a pós-verdade, e os algoritmos da internet conectam-nos às coisas que gostamos ou podemos vir a gostar, ignorando a veracidade dos fatos.

Brum (2019), por sua vez, aponta que, além da pós-verdade, é necessário compreender a "autoverdade", que é a valorização de uma verdade pessoal e autoproclamada, uma verdade do indivíduo, uma verdade determinada pelo sentimento disseminado na internet de se sentir autorizado a dizer "tudo". E que é expressa nas redes sociais pela palavra "lacrou". O bolsonarismo se estrutura com base na autoverdade. O valor dessa verdade não está na ligação com os fatos: está no fato de dizer tudo. Há deslocamento do conteúdo do que é dito para o ato de dizer.

Relembremos que o Iluminismo é uma das raízes da modernidade, e com ele a luta pela verdade. Porém, o Iluminismo não chegou ao

Brasil, país que propagou mitos e não conheceu a era da verdade. E hoje colhemos o mais amargo sofrimento coletivo, que surge com a pós-verdade e com a autoverdade, bases do abuso de poder. Para D'Ancona, nossa tarefa é confirmar a verdade constantemente, com coragem, persistência e espírito colaborativo, e isso independe de tendência ideológico-partidária.

A busca da verdade, sua afirmação persistente e a indignação são as bases da luta social. Holloway (2003) afirma que o grito de nossas indignações com as injustiças fará diferença no mundo. Enquanto estamos amarrados na apatia, as atuações fascistas vigoram no país. Se acreditamos que elas precisam ser contidas, não há como não fazermos escolhas.

POLÍTICA DO MOVIMENTO PSICODRAMÁTICO

A crítica social deve sofrer a interferência da autocrítica (pessoal, profissional e como movimento). Uma sem a outra é atuação no vazio. Poucas falas têm o sentido da autocrítica, mas muitas delas se mostram de grande interesse:

- "A 'crise' não é só nossa (é local, regional, mundial) e me faz entrar na luta cotidiana que transborda vida em mim"; "Observo uma atrofia ética e política... Há poucos autores (no psicodrama) com pensamento sociocrítico"; "Há ausência de um pensamento mais uníssono como grupo, de classe, entre os psicodramatistas".
- "Diante disso, um posicionamento aliado aos princípios básicos socionômicos, desvelando o coinconsciente no jogo de poder que impede a democracia e a justiça social, é compatível com Moreno, em sua visão política"; "Desejo mais envolvimento na luta pela cidadania, que ofereçamos egos-auxiliares para aprimorar a vida comunitária".
- "Ocupar mais o palco social (cultural, científico, mediático), construir projetos sociocomunitários, tecer pontes com profissionais de áreas afins"; "Buscar a cooperação de conhecimentos latino-americanos, a descentralização dos poderes psicodramáticos e ter espaço para práticas 'menores'".

A institucionalização, a formação do psicodramatista e a cooperação entre os profissionais são postas em xeque. Conforme disse um colega na enquete: "A Febrap tem 30 federadas, somos poucos. Somos reféns da luta contra a própria extinção do psicodrama: essa é a nossa crise econômica-política-existencial como grupo [...], somos reféns cada um de sua própria inclusão: essa é a nossa crise econômica-política--existencial individual. Essas nossas crises nos impedem de fazer mais".

Apenas 20% dos entrevistados se preocuparam com a política da categoria, do movimento psicodramático e da teoria/prática. E criticaram a formação eminentemente mercadológica, neoliberal e isolada.

A categoria dessas falas é a da *responsabilidade institucional*, com a classe de profissionais. Por exemplo: "O psicodrama se torna (mais) mercadológico e preso a se diferenciar de outras abordagens do que a ser potência criadora para gerar relações éticas no país"; "Nos fechamos em determinadas clientelas [...], consolidamos um psicodrama elitista, de bastidores, e que de fato não vai às ruas [...] aos que precisam de nossa ajuda".

Esses colegas trazem a necessidade de cocriarmos resistências, brechas, desvios e aberturas para a prática sociocrítica. Tanto no trabalho clínico quanto no socioeducacional, com uma pessoa (que traz com ela a sociedade, suas relações afetivas e de poder) ou com grupos em diversos contextos sociais, estamos recriando as relações de poder.

CONSIDERAÇÕES FINAIS

O tema "psicodramatista e política" nos demonstrou, de acordo com a enquete, com participações em mesas-redondas e conversas com colegas, que vigora um silêncio doloroso e estrondoso, apontando insegurança e temores em relação a reflexões e ações políticas no micro e no macrocosmo sociais. Há também um grito silenciado, ou seja, os profissionais vivem a indignação em relação à crise sociopolítica e econômica, porém há a apatia, com pouca ação, apesar do desejo de mais práticas transformadoras. Segundo sociólogos e filósofos contemporâneos, os cidadãos vivem esse sofrimento coletivo ao ser manipulados, principalmente de forma simbólica, ao ser tratados como objetos para que uma parte ínfima da sociedade mantenha seu poder abusivo nos planos financeiro, econômico e de bens sociais.

Por meio da análise da enquete, observamos a presença das diferentes formas da responsabilidade, sendo majoritária a pessoal e a profissional, em que a ética está no domínio subjetivo em relação ao que se pode fazer quanto à crise (presente em 60% dos entrevistados). Há a responsabilidade social, em que 40% dos profissionais da amostra depara com a necessidade de trabalhar as relações de poder na sociedade. E, em menor escala, surge a responsabilidade institucional, em relação à classe dos psicodramatistas, em que se almeja maior união e participação dos profissionais para a resolução de suas temáticas.

Em todas essas responsabilidades, porém, o estudo das relações de poder e seu trabalho na prática profissional torna-se escasso. Com isso, por estarmos inseridos na cultura capitalista-judaico-cristã, nossas conservas culturais correm o risco de reproduzir ideologias e ações que mantêm violências de diversas formas e impedem vidas e corpos de serem o que são.

E permanece a inquietação sobre o que nos impede, por exemplo, de sair dos silêncios, duvidar e questionar. De libertar o grito silenciado, repleto de indignação. De dar ação a nosso ser político em todas as relações, particularmente as do cotidiano, que é onde a revolução se inicia.

Imersos no atual momento da pós-verdade e da autoverdade, percebemos a necessidade da busca constante da verdade e de sua afirmação, para que não reproduzamos discursos que acabam por incentivar a violência, a desigualdade e a injustiça sociais. Um alívio desesperado surge com a micropolítica de Deleuze e Guattari, que nos traz a ilusão de desbravar o constante possível presente na vida. A socionomia, com seus métodos de ação, se torna uma micropolítica que busca desenvolver as relações tele, por meio da espontaneidade-criatividade que atualiza linhas de fuga e desvios.

Há a esperança de que a crítica social e a autocrítica nos ajudem a recompor nossas responsabilidades. Alguns psicodramatistas otimistas buscam o cultivo da "utopia moreniana" ou a "micropolítica" socionômica. Há ainda colegas que desejam a criatividade nas relações de poder em todas as práticas sociátricas. E que tratemos as relações adoecidas em polarizações, injustiças, ódios e medos que dominam os diversos campos sociais do país.

REFERÊNCIAS

ALMEIDA, L. M. C. de. "Ontologia política e criação de conceitos: considerações sobre a filosofia política de Gilles Deleuze e Félix Guattari". *Hybris*, Viña del Mar, v. 9, n. 2, nov. 2018, p. 101-27.

BRUM, E. *Brasil, construtor de ruínas: um olhar sobre o país, de Lula a Bolsonaro*. Porto Alegre: Arquipélago, 2019. *E-book*.

BUBER, M. *Eu e tu*. São Paulo: Moraes, 1979.

BUTLER, J. *A vida psíquica do poder: teorias da sujeição*. Belo Horizonte: Autêntica, 2017.

CARVALHO, L. *Valsa brasileira: do boom ao caos econômico*. São Paulo: Todavia, 2018.

D'ANCONA, M. *Pós-verdade*. Barueri: Faro, 2018.

DELEUZE, G; GUATTARI, F. *Mil platôs: capitalismo e esquizofrenia*, v. 1. 2. ed. São Paulo: Editora 34, 2019.

DEMO, P. *Pobreza da pobreza*. Petrópolis: Vozes, 2003.

FERREIRA NETO, J. L. "Micropolítica em *Mil platôs*: uma leitura". *Revista de Psicologia USP*, São Paulo, v. 26, n. 3, 2015, p. 397-406. Disponível em: www.scielo.br/pdf/pusp/v26n3/1678-5177-pusp-26-03-00397.pdf. Acesso em: 12 dez. 2019.

FOUCAULT, M. *Microfísica do poder*. 28. ed. Rio de Janeiro: Graal, 2014.

GONZÁLEZ-REY, F. *Epistemologia cualitativa y subjetividad*. São Paulo: Educ, 2003.

GUIMARÃES, A. S. A. *Classes, raça e democracia*. São Paulo: Editora 34, 2002.

HOLLOWAY, J. *Mudar o mundo sem tomar o poder*. São Paulo: Viramundo, 2003.

MARX, K. *O capital*, livro 1. 12. ed. São Paulo: Civilização Brasileira, 2005.

MORENO, J. L. *Psicoterapia de grupo e psicodrama: introdução à teoria e à práxis*. São Paulo: Mestre Jou, 1974.

______. *Who shall survive? Foundations of sociometry, group psychotherapy and sociodrama*. Nova York: Beacon House, 1978.

NAFFAH NETO, A. *Psicodrama: descolonizando o imaginário*. São Paulo: Plexus, 1997.

NERY, M. P. *Grupos e intervenção em conflitos*. São Paulo: Ágora, 2010.

______. *Vínculo e afetividade*. 4. ed. São Paulo: Ágora, 2014.

SHERIF, M. *In common predicament*. Boston: Houghton Mifflin, 1966.

SOUZA, J. *A elite do atraso*. Rio de Janeiro: Estação Brasil, 2019.

TRINDADE, D. D.; FONSECA, T. M. G. "Que política é possível com o pensamento deleuziano?" *Revista Mal-Estar e Subjetividade*, Fortaleza, v. 9, n. 1, mar. 2009, p. 233-49.

TURNER, J. C. "Explaining the nature of power: a three-process theory". *European Journal of Social Psychology*, v. 35, n. 1, 1966, p. 1-22.

VANEIGEM, R. *A arte de viver para as novas gerações*. São Paulo: Conrad, 2002.

VASCONCELLOS, M. A. S.; GARCIA, M. E. *Fundamentos de economia*. 6. ed. São Paulo: Saraiva, 2019.

7. 1984, o ano que foi para o lixo

Débora de Mello e Souza

Só os sentidos podem curar a Alma, assim
como só a Alma pode curar os sentidos.
Oscar Wilde

A alegoria do título deste capítulo origina-se nas memórias de um ato sociodramático público dirigido por Cida Davoli na Coordenadoria Geral de Especialização, Aperfeiçoamento e Extensão da PUC-SP (Cogeae-PUC-SP) em 2016. Uma participante do grupo relata que, na banalidade de um trajeto cotidiano em São Paulo, testemunhou um vendedor de sacos de lixo oferecendo seu produto à proprietária de uma barraca de churros, e então a cena é levada ao palco. Segundo a narradora, a proprietária da barraca tratava com indiferença e desdém o vendedor, o que a magoara profundamente. Dizia sentir-se mais afetada ainda por não ter conseguido "reagir" à situação quando a presenciou. Não conseguira apoiar o vendedor de sacos de lixo maltratado. A partir desse eixo, várias ações dramáticas se desenrolaram, e a questão existencial central girou em torno dos conflitos entre diversos papéis de opressores e oprimidos.

Seguindo preceitos de teatro espontâneo, a ação dramática foi sendo constituída. Em dado momento, senti-me compelida a entrar em cena e me transformei em alguém que segurava a lata de lixo. Sentia a necessidade de fugir e me esconder, e era perseguida por outros atores em cena, como num jogo de pega-pega. Experimentava sensações de taquicardia e ansiedade enquanto fugia, e, racionalmente, não saberia explicar o fato. Uma pessoa entrou em cena para me ajudar a esconder a lixeira e, quando me perguntavam o que eu estava fazendo, no fluxo das cenas eu sentia e dizia que não sabia, só queria sair dali. Sugeriram que eu olhasse dentro da lixeira para ver o que havia lá, e com minha parceira de cena descobri, ainda vivenciando um potente fluxo imaginário, que havia uma varinha mágica, uma chave e algo difuso de 1984, que eu sabia ser importante, mas não lembrava mais o que era. Naquele momento, produziam-se em mim todas essas ideias e impressões. Na realidade suplementar, elementos iam sendo pronunciados na vivência de uma personagem que fugia com uma lata de lixo nas mãos, sem entender o que carregava consigo.

Ao fim da dramatização, tentando conectar todo o ocorrido, o ano de 1984 ainda me intrigava. O momento de processamento do ato, pós-dramatização, não havia sido suficiente para minha elaboração. Foi ao conversar com Cida Davoli, na saída da sala, já a caminho do estacionamento, que nos demos conta de que 1984 tinha sido também o ano do movimento pelas Diretas Já. Processamos brevemente ali na "coxia" que, no contexto político que vivemos no Brasil, em um cenário em que várias instituições democráticas estavam sendo ameaçadas, realmente fazia sentido que algo de 1984 pudesse ter parado no lixo. Despedimos-nos, e fui para casa marcada por essa sensação.

Na vivência de teatro espontâneo, no qual navegamos por dramas individuais em um jogo cênico veloz, as cenas vão sendo revestidas pelas várias nuances dos contextos grupal, social e dramático entrelaçados. Pode-se constatar num trabalho como esse que, durante o aquecimento, a direção escreve de forma autoral o prólogo de uma obra, à qual convida o público para coautoria. Ao expor suas visões conceituais e técnicas, inevitavelmente, o diretor vai constituindo a gênese e as influências de uma jornada política[1] que se oferece ao público. Desde os primeiros contornos, na apresentação inicial, deixam de existir quaisquer possibilidades de que uma direção ocorra em campo neutro. É

[1] O conceito de política que fundamenta essa articulação baseia-se na ideia de dispositivo que Agamben (2014) desenvolve a partir de Foucault. Para ele, ontologia, política e arte encontram-se entremeadas e constituem-se em dispositivos, que seriam conjuntos heterogêneos – linguísticos e não linguísticos – que incluem elementos como discursos, instituições, edifícios, leis, medidas de polícia e controle como redes que estabelecem cruzamentos de relações de poder e de saber.

com base nos próprios afetos do diretor, na definição emblemática de fazer escolhas sobre onde enfocar, que se desenrolam as questões trazidas pelo público.

Articulando empirismo e subjetividade em um ensaio sobre a natureza humana, Deleuze (2012) destaca que, em suma e de maneira extravagante, para ser um psicólogo – e aqui amplio para incluir um socionomista ou psicodramatista –, é preciso antes se admitir também um moralista, um sociólogo e um historiador. Ou seja, não há campo neutro, e sim correntes de atravessamentos a que todos estamos submetidos. Sendo assim, é de causar furor a expectativa de alguns de não atuarmos politicamente em nossa prática. Mesmo nos planos mais intimistas e individuais de um consultório, perguntas, formas de olhar, ou de desviar o olhar, apontam em riste para o tipo de discurso e campo ideológico em que nos situamos. É justamente ao assumir tais interferências que podemos observar o que nos afeta nas relações e, assim, nos abster de qualquer excesso antiético de doutrinação ou de uma tentativa de colonização das subjetividades daqueles com os quais trabalhamos.

Numa outra perspectiva, a própria composição dos instrumentos psicodramáticos já carrega em si a ideia de uma teia de relações políticas, quer por assumir a potência de se produzir em grupo, quer pela ligação intrínseca com o que aprendemos, resgatando elementos das antigas *polis* gregas, repletas de inspirações dramatúrgicas e de vivências em ágoras. Isso sem esquecer a visão de que um "protagonista", aquele que agoniza primeiro, é "eleito" pelo grupo porque "representa" conflitos adjacentes a todo o público presente.

Voltando às memórias, no período desse ato sociodramático vivíamos no Brasil como massa em conflito, polarizada, de um lado, por setores da sociedade que resistiam ao *impeachment* da presidente Dilma Rousseff e, de outro, por setores sociais que aspiravam à assunção de um governo interino, à volta do militarismo e até mesmo ao desejo bizarro de retomada do Brasil Império. O ano de 2016 será marcado em nossa história como aquele em que a sociedade brasileira talvez não mais soubesse o significado das lutas político-democráticas de 1984, que se tornaria, portanto, o ano que *jogamos no lixo*. Em 2016 presenciamos o direito de eleições diretas se desintegrando aos poucos.

Da perspectiva em que analisava, percebia que em 2016, quando os deputados lobistas da Câmara brasileira arremataram uma das ações mais antidemocráticas e antagônicas em relação ao que foi, em 1984, o movimento Diretas Já, houve a propulsão necessária para realmente se jogar algo importantíssimo no lixo. Em defesa de interesses próprios, tais deputados decidiam arbitrariamente, no palco político e no contexto social, legitimar o *impeachment* de uma presidente escolhida por mais de 50 milhões de eleitores. Eu me sentia realmente ferida pelo que via no contexto social e talvez tenha carregado isso comigo, na voz de oprimida, para o contexto dramático, só depois me dando conta dessa possibilidade de encadeamento de ideias. Os elementos oprimidos e opressores, no palco dramático daquele ato, constituíam portanto o ambiente perfeito para expressar essa emoção, e foi ali mesmo que ela surgiu.

Nery (2010, p. 22) afirma que o grupo é "um microcosmo que representa (ou reflete) o macrocosmo da sociedade, pois o entrelaçamento dos conteúdos coinconscientes produz interferências e um aprendizado mútuo entre ambas as instâncias". Nesse mesmo texto encontramos uma interessante esquematização que demonstra como imagens, falas, interações e cenas vividas no sociodrama originam-se no contexto sociocultural dos participantes e se expressam nos contextos grupal e dramático. A cena dramática teria, portanto, o objetivo de dar voz ao protagonista ou explicitar um tema protagônico, possibilitando aos membros do grupo chegar a novas respostas e sentidos – de forma mais participativa – a seus dramas.

Na experiência que relato, o ano de 1984 saiu de minha mente e foi para o lixo cenicamente. Na realidade suplementar, me mantive apegada a esse fato e, depois, ao enigma sobre a corrente semântica e seus múltiplos significados. Fui adiante nesse pós-processamento investigando outros fatos e busquei assim outras referências curiosas a respeito. Retornei a George Orwell em sua clássica obra com o nome desse ano. No enredo, uma sociedade futurista, de indivíduos indiferentes, liderada por um governo asséptico e autoritário, reprime qualquer um que se oponha a seus padrões. Coincidentemente ou não, o tema protagônico dos oprimidos e opressores poderia de novo estar conectado a essas ideias que habitam minha memória e meu imaginário.

Indo um pouco além, folheando o livro *Sociodrama: um método, diferentes procedimentos*, organizado por Marra e Fleury (2010), me surpreendo com outro texto conectado a esses mesmos signos. Trata-se do capítulo 6, intitulado "17 de abril de 1984: de lá pra cá, muita água rolou!". Nesse texto, Regina Fourneaut Monteiro relata um ato sociodramático realizado naquela data: o "Psicodrama das Diretas Já".

Com base nessa experiência, é possível notar quantos são os signos envolvendo cada elemento que surge em uma cena, signos estes imbricados em discursos pré-construídos, mas nem sempre mantidos atrelados a sua fonte original. Vejo a construção da cena espontânea como um processo onírico coconstruído. Os signos ressurgem dispersos e isolados e são então lançados por um personagem/membro do grupo e absorvidos por outros em um movimento não mais individual, mas plural. Os sentidos são coconstruídos ou correorganizados, e é nessa brecha que podem surgir diferenças criativas nunca antes visualizadas. Nos momentos da ação dramática, vivemos um "sonhar" coletivo que pode ser transferido entre contextos: eis a força política de nossos atos.

Relembro que foi Cida quem me *propôs* a conexão com Diretas Já, provocando em mim um processo rico de reflexões, mesmo após a dramatização. Destaco a palavra *propôs* porque ela se diferencia da interpretação monocromática e autoritária de um ocorrido. Utilizou-se, assim, uma postura política não coercitiva, que não busca qualquer verdade definitiva. Essa provocação lançada por ela me fez imaginar quão fervilhante foi esse ano de 1984 na comunidade sociopsicodramática. Na época, eu nem me imaginava socionomista. Ainda criança, assistia pela televisão aos discursos de Tancredo Neves; talvez esse mesmo "eu criança" tenha registrado naquela época que algo muito importante acontecia. Agora adulta e sociopsicodramatista, ou socionomista, sofri também por assistir na TV, dias antes, a um espetáculo tétrico envolvendo o caminhar do *impeachment*, que parte da sociedade chamou de golpe[2].

Localizo em mim, na atualidade, um sofrimento por reconhecer a perda de algo de 1984 e por sentir a ameaça de que esse signo/ano esteja sendo descartado no lixo das memórias coletivas. Coube à vivência sociopsicodramática me ajudar a compor uma narrativa que desse sentido a seu aparecimento em cena. Confesso que me senti plenamente contemplada nesse processo e na forma como foi coconstruído com Cida e o restante do grupo. Em contraste, ele me fez pensar e relembrar de outras situações nas quais, de forma violenta, podemos submeter a nós próprios ou aos participantes de grupos que integramos, no papel de direção ou como agentes terapêuticos, a interpretações monossêmicas dos fenômenos ocorridos. Além de toda possibilidade de recomposição histórica e cronológica de fatos em nossa prática, vê-se também a força do processo criativo reverberar além de Cronos, atingindo uma dimensão temporal de Kairós que perdura e pode ser resgatada e recontada sob outras e variadas perspectivas, tempos depois.

A respeito desse mesmo exemplo, do "ano que foi para o lixo", troquei novas impressões com a própria Cida, que me presenteou, durante os bastidores desta escrita, com novos *insights*.

O signo 1984, quicando com possibilidades múltiplas de associações narrativas, foi capturado nesse ato que descrevo e que me impulsionou a produzir um texto em 2016, reformulado para esta publicação, assim como impulsionou textos de muitos outros autores nesse período. Destaco, entre eles, um artigo de Abreu (2017) que contém uma análise crítica brilhante dessa conjuntura 1984-2016. O autor articula o surgimento do fenômeno da pós-verdade, termo cunhado pela primeira vez pelo dramaturgo Steve Tesich (1992) e reconhecido também em 2016, pelos Oxford Dictionaries, como o neologismo do ano, dado o

[2] Destaco que o entendimento sobre o nome a ser dado ao fato ocorrido em 2016 (*impeachment* ou golpe) cria conflito, e não o consenso político sobre o acontecido. Parte da população brasileira nomeia *impeachment* e parte golpe. Tal conflito de nomeação pode ser identificado também no evento de 1964, reconhecido historicamente como golpe civil-militar, mas que volta a ser discutido por parte da população como "movimento" ou "revolução".

crescimento de 2.000% de seu uso nos canais pesquisados. Temos no conceito da pós-verdade fértil material a ser investigado em nossos futuros fóruns científicos socionômicos, e sua repercussão desarticulou de maneira quase definitiva a possibilidade de nos ancorarmos, mesmo em campo científico, a qualquer realidade objetiva.

Fazendo o caminho de volta, do coletivo ao individual, não posso deixar de refletir que outro diretor, e/ou outro grupo, em outro contexto político-social, teria ou não coproduzido comigo outra cadeia semântica, contemplando ou não o signo 1984. Mantendo-se ainda a temática do ano, numa abordagem mais individualista, eu poderia ter sido provocada a relembrar questões de minha história de vida. Isolando-se todo o contexto social e político, eu relembraria que, em meio ao nascimento de minha irmã mais nova, eu vivenciava um momento de abrupta mudança na família, com todas as crises e os conflitos que momentos como esse trazem a um núcleo familiar. Apenas com essa mudança de foco seria possível abrir uma nova corrente narrativa que emprestasse outro sentido a todo esse processo. Não seriam nem mais nem menos reais essas conexões, mas outros encadeamentos, provenientes de outro tipo de olhar, de outras perspectivas políticas que se fizessem presentes. A questão aqui não seria um "ou", mas um "e". Ambos os caminhos seriam legítimos e produziriam não "verdades", mas versões narrativas. Tudo depende da forma como se conduz o processo.

Tirando proveito da ideia de Wilson Castello de Almeida (2012, p. 116) de que "no psicodrama não se interpreta, dramatiza-se", eu iria um pouco adiante, atribuindo ao ato de dramatizar o "fazer dramaturgia" ou o contar histórias e criar novas narrativas, como tão bem postulou Aguiar (2011). Quando pensamos no enfoque que poderia ter sido dado por outro diretor ou por outras perguntas trazidas pelo grupo a mim, enquanto eu fugia desesperadamente agarrada ao lixo, fica nítida a corrente de entrelaçamentos concentrados sempre em um "aqui e agora" e em uma rede de relações específicas, dentro de um processo dramatúrgico produzido num palco psicodramático, mas com conexões que extrapolam para os contextos grupal e social.

Como se vê pelo encadeamento de cenas que levaram à criação do signo 1984, podemos elevar à infinita potência o número de probabilidades atingíveis no trabalho com grupos. Não é necessário voltar, portanto, à dialética sobre o individual e o coletivo, nem retomar a discussão de manejo técnico que difere sociodrama, abordagem de conflito coletivo, de psicodrama, que explora o tema protagônico trazido por um único protagonista. Proponho irmos além novamente, pois essas me parecem fronteiras quase invisíveis. Tanto em uma quanto em outra abordagem, os efeitos respingam entre privado e coletivo em nuanças de intencionalidade e intensidade mediadas por um diretor na relação com seu grupo, atingindo assim um sem-número de possibilidades. As inovações originadas da multiplicação dramática[3] ilustram bem concretamente esse possível caminho exponencial.

Ao mesmo tempo, a polissemia, ou capacidade de gerar múltiplos sentidos ao que se vivencia em um palco psicodramático, é, portanto, o grande libertador, mas também pode se tornar o maior carrasco nessa nossa história, pois estamos sempre tentando escapar da armadilha de um relativismo caótico. Haja vista que hoje as técnicas sociopsicodramáticas integram os processos de produção de conhecimento de distintas correntes epistemológicas, algumas das quais posicionadas em extremos uma em relação à outra. Embora irreconciliáveis no campo científico, dada a distância de suas visões de mundo, elas se apropriaram desse fecundo campo metodológico e perfazem os "muitos psicodramas" da atualidade. Arriscaria a contabilizar que existem tantos "psicodramas" quanto "visões políticas" ou "paradigmáticas" nas quais essas expressões e seus executores têm origem.

Em meio a essa profusão de olhares, sempre como um chamado, na tentativa de livrar-nos desse aparente caos e de fantasiar o retorno às origens do psicodrama, tentamos nos valer de uma raiz comum. Ao mesmo tempo, nos perguntamos que origens seriam essas. Os recursos

3 A multiplicação dramática, desenvolvida por Eduardo Pavlovsky e Hernán Kesselman, constitui-se como conceito e instrumento de intervenção grupal e leva-nos a um pouso paradigmático na filosofia de Deleuze e Guattari. Uma síntese sobre o conceito pode ser encontrada em Mascarenhas (1998).

criados por Moreno na primeira metade do século XX ou novas respostas? A que paradigmas estaríamos atrelados na atualidade? Cabe aqui a alusão aos recentes *memes* provocativos da internet, questionando sobre uma prática ser "de raiz e original, por ter um formato rústico e sofrível" ou ser "*gourmetizada* pelo doce de preferência da maioria".

Para pensar nas diferentes versões de psicodrama que produzimos, tomo o caminho de explorar a velha discussão sobre nos mantermos sempre tão fiéis a nomear o que fazemos com o consagrado nome "psicodrama", com "P" maiúsculo, como alguns preferem frisar. Salto de um signo – o ano de 1984, criado em cena e que pode significar tantas coisas – para refletir sobre nosso signo maior. O nome que damos ao que fazemos e os impactos políticos a que essa nomeação corresponde e nos leva.

A função nominativa torna-se aqui repercussão política na expressão maior de nossa prática, nunca somente um ato singelo. Evidencia, talvez, o posicionamento político primordial da obra moreniana e suas consequências sobre onde nos encaixamos atualmente no universo científico. Ou seja, ao nomear "psicodrama" aquilo que o próprio Moreno tentou reorganizar e rebatizar com o nome "socionomia", transformamos, por convenção e, talvez, anuência do próprio Moreno, sua estética em eixo central de sua obra, e não sua filosofia ou seus paradigmas.

O curioso foi que, para dar vazão a sua visão filosófica e política, Moreno escolheu como caminho um método em que espaço, tempo e cultura pudessem ser vividos com base na estética dramática. Tal estética tornou-se então ícone principal e mensageira de boas novas, de uma nova forma de investigar o humano em suas inter-relações. Tendo a estética dramática como mensageira, ao longo dos anos, seguimos *ipsis litteris* o provérbio latino "*ne nuntium necare*"[4], ou seja, "não mate o mensageiro". No caso, não só preservamos a mensageira técnica

[4] Alexandre, o Grande, venceu em batalhas o rei da Pérsia Dario III, que cometeu erros grosseiros em sua estratégia de guerra. Ao ser informado por Caridemo, um aliado recente que havia escapado das tropas de Alexandre, dos problemas causados por seus erros, Dario III mandou matá-lo. A esse fato é atribuído o surgimento do provérbio latino mencionado.

psicodramática, que já havia corrido mundo com suas boas novas, mas também nos apegamos a ela, quase que a tornando nosso dispositivo central. Aglutinamos filosofia, teoria e prática num mesmo nome, que, quando cristalizado ou "conservado" – para usar um termo moreniano –, também pode apagar, muitas vezes, o brilho original de toda a filosofia política por trás da obra. Se, por um lado, podemos apontar que Moreno falhou quanto ao rigor filosófico, por outro, o utópico Moreno nunca escondeu suas inclinações políticas, uma vez que tinha aspirações e ambições de, como ele dizia, "um projeto que no mínimo atingisse toda a humanidade".

Quase um século depois de iniciar sua produção, parte da comunidade à qual Moreno deu origem migrou para a prática isolada de um consultório ou instituição, na qual muitas vezes não mais perpassam leituras políticas como as originais ideias de Moreno, mas uma profusão de práticas atreladas a diferentes paradigmas. Suas mais empobrecidas versões são a busca da cura definitiva e da felicidade no plano individual, por meio do consumo de sessões, ou as ações públicas em grupo que, embora guardem a velha tradição do coletivismo moreniano, têm o foco mal interpretado e confundido com entretenimento puro, muitas vezes de folhetim, com lágrimas e final feliz. Socionomistas ou psicodramatistas, se assim preferirem ser chamados, no Brasil e ao redor do mundo, tomam para si, cada um a seu modo, o "mensageiro", neste caso a estética de nome "psicodrama", numa espécie de síndrome de Estocolmo, aprisionando-se a um "ter de" performar grandes espetáculos dramáticos, muitas vezes alijados de possibilidades além da estética. A estética antecede e nomeia o que fazemos, e o propósito político tornou-se algo variável e, por vezes, secundário ou descartável. Tal uso puro de sua aplicação carrega em si o risco do esvaziamento do processo.

A socionomia, predominantemente reconhecida pelo nome psicodrama, dá então lugar a duas grandes vertentes. Em uma, o composto de potentes técnicas de "manejo" grupal desconecta-se parcialmente de seu propósito como enunciado político maior, sendo que desconectar não significa eliminar o ato reflexivo, mas apenas abrir mão dele. A outra, permeada por focos de resistência, mantém em seu propósito o alcance da micropolítica da clínica – não doutrinária nem neoliberal, mas libertária – à expressão vívida na ação dos educadores, dramaturgos, filósofos e agentes terapêuticos anônimos, aos milhares e de múltiplas origens e formações, que entendem suas práticas como a busca incessante do momento, do encontro, da criatividade e espontaneidade como linhas de fuga de um cotidiano que encapsula. É possível, infelizmente, cogitar entre essas duas vertentes uma ruptura do consenso de que há um olhar intencional quanto ao viés político, muito bem explicitado por Moreno anos atrás, viés este que deixaria de ser uma possível linha transversal conectando todas as diferentes linhas epistemológicas que se apropriaram do psicodrama. Os impactos políticos, como apelo comum e inevitável de nossa prática, são escamoteados e abafados, o que me remete a um exemplo recente que vivi. Por convite, nas redes sociais, fiz parte de um grupo constituído por psicodramatistas que ao fim se dissolveu em função de uma parcela dos participantes julgar que "aquele não era um fórum para discutir política". A intolerância venceu, atravessada ou por postagens violentas e de conteúdo partidário que muitos insistiam em fazer, sem conseguir absorver a necessidade de algum tipo de acordo com os demais, ou pela incapacidade intrínseca dentro do próprio grupo de se estabelecer uma "política" de tolerância para as postagens.

Voltando a nossos nomes, retomo registros antigos sobre alguns daqueles que já se pronunciaram em publicações sobre a polêmica substituição do termo "socionomia", que, mesmo citado e reconhecido, foi vencido e abafado pelo uso de "psicodrama". Eis que resgato o trecho em que Sergio Perazzo, com bastante humor, se desculpa com Anibal Mezher, com quem sempre me solidarizei nessa inquietação de nomearmos de maneira parcial o que fazemos:

> [...] um bom exemplo disso é a preocupação de alguns psicodramatistas em chamar o psicodrama de socionomia [...]. No meu ponto de vista, trata-se de excesso [...] psicodrama é um termo consagrado a tal ponto que numerosíssimas instituições e associações em todo o mundo têm em seu nome a própria palavra psicodrama [...]. Querer batizá-los, a esta

> altura dos acontecimentos, é como trocar o nome psicanalista para inconscientólogo [...]. É claro que está certo meu queridíssimo Anibal Mezher, defensor desta posição desde, pelo menos, 1984 [...] o próprio Moreno e seus sucessores, como a própria Zerka, jamais deixaram de utilizar o termo psicodrama. Com certeza, eles sempre souberam da confusão que iriam causar se trocassem o nome [...] além do nome psicodrama comunicar uma maior leveza [...]. (Perazzo, 1999, p. 79)

Ao resgatar tal trecho, me divirto com a estranha "coincidência" de Anibal se preocupar com isso desde 1984, "nosso ano" – não me lembrava de ter lido essa menção ao ano antes. Enternece-me a forma fraternal pela qual o querido Sérgio se refere a Anibal, e imagino que, se fosse trabalhar essa passagem "em cena", recordaria o caso de uma daquelas grandes famílias do interior do Brasil que têm muitos filhos, assim como Moreno em sua pródiga produção, e que, dado seu foco no fazer e no viver, atrasam o registro em cartório de parte da prole. Anos se passam e a "Nenê" permanece com esse nome, nem se lembra mais que seu nome de batismo era Luzia, santa de devoção de sua mãe católica fervorosa, e que o de "registro" era Irene, decidido por seu pai, que fora sozinho ao cartório. Como todos a chamam de Nenê, já se tornando uma senhora respeitada pela sociedade, que a reconhece sob essa alcunha, não responde quando em ambientes formais a chamam pelo "nome oficial" nem faz mais questão disso.

O grande "pai" de nossa teoria serviu como *role model* desse posicionamento político e afetivo, dessa imprecisão nominal, observada em todas as suas obras. Menciona, só a título de exemplo, "método psicodramático", "teoria psicodramática" e "socionomia" em um mesmo livro (Moreno, 1999, p. 26, 28, 33 e 97), sem estacionar em algum ponto específico a discussão literal, comparativa e clarificadora dessa imprecisa nomenclatura. Parando apenas no título e não caminhando adiante, sobre a imprecisão de outros termos no restante da obra moreniana, podemos comemorar a fluidez dessa plataforma, que dá espaço a várias interpretações e criações e, por isso, é inclusiva a diferentes formas de olhar e a diferentes paradigmas. Por outro lado, ela é lida no fim das contas com outro rescaldo, pois "deixar assim como está por ser algo mais leve" carrega um intricado posicionamento político "anti-institucional", uma rebeldia semântica que colhe os prováveis bônus pela fama do nome "psicodrama". Esta até certo ponto favoreceu sua penetração nos quatro cantos do mundo, mas também trouxe o ônus de um olhar desconfiado do mundo acadêmico, que sempre puniu com certa chacota e subestimação tal falta de rigor científico e filosófico. A liberdade de uma Babel repleta de diferentes entendimentos sobre quem somos, o que fazemos e para onde iremos é, portanto, nossa realidade e o terror daqueles que de alguma forma ainda se preocupam com a máxima da falseabilidade de Karl Popper sobre como diferenciar o que é ciência do que não é.

No mesmo livro em que brinca com o desejo de alguns de revisitar nosso nome corrente, Perazzo também faz uma demonstração prática das diferenças entre a linguagem usada em nossa comunidade e aquela usada na comunidade acadêmica em geral. Cria um sumário afetivo e poético na abertura do livro e, na sequência, traduz esse conteúdo para um "sumário bem-comportado" e versado em termos mais técnicos. Embora respeite a posição de Sergio Perazzo, seguida pela quase totalidade de nossos colegas, continuo intrigada pela provocação de Anibal Mezher, que sempre destacou cadeias etimológicas em todas as importantes palavras e, com isso, me despertou para um pronunciamento atento de qualquer termo. Segui assim seu modelo e continuo em uma cruzada para resgatar temas e palavras perdidas, que temo ser apagadas do discurso dominante de nossa comunidade socionômica ou psicodramática (Mello e Wechsler, 2017), movimento no qual me sinto acompanhada de muitos. Destaco aqui Rosa Cukier (1992), um dos ícones dessa inquietação, que para nossa sorte tem em si não só o que inquieta mas a diligência necessária para produzir durante anos de trabalhos exaustivos um "vocabulário", na linha de um índice remissivo, dos muitos termos usados por Moreno.

Quando trato da necessidade ou não de nos curvarmos à reflexão crítica sobre nomes e palavras que nos representem, forjando nossa identidade temporária, mais que falar de algo ultrapassado ou já descartado, problematizo que nomear o que fazemos não é algo banal ou simplesmente relegado ao campo de costumes, e sim alta instância de um posicionamento político, quer seja intencional, quer não. Todos os grandes teóricos da linguagem e da semiótica (Peirce, 1974; Chomsky, 2004; Eco, 1983) são boa inspiração e companhia nessa empreitada, assim como o foram meus colegas no processo de formação como supervisora e didata em psicodrama, anos atrás. Lembro-me de que nos estendíamos horas a fio a tentar decifrar significados mais precisos para os termos, dentro dos temas que estudávamos, num senso de responsabilidade quase angustiante, buscando maior clareza daquilo que, em breve, iríamos multiplicar em aulas, supervisões e orientações, ou até mesmo criticar com mais propriedade. Esforço muitas vezes infértil, só finalizado quando nos púnhamos a encontrar os consensos que melhor se encaixavam em nossas crenças ou a seguir as credenciais de um autor que mais respeitávamos. Ficou em aberto o desejo de ir além e criar mais nesse campo.

Além dos modelos mais disruptivos de Moreno, Sergio Perazzo e todos os outros filósofos aqui mencionados, no campo das inspirações políticas, posturas como as de Foucault são também um exemplo a seguir. Sem romper com a necessidade da formalidade institucional, ele se fortaleceu ligado a essas amarras. Em vez de renegar o ambiente acadêmico, galgou todos os títulos e as cadeiras possíveis, seguiu de maneira rigorosa os ritos de um pesquisador acadêmico e, de dentro do próprio sistema, que não tinha como não o reconhecer ou como torná-lo invisível, utilizava tal robustez metodológica para eclodir em rupturas não apenas sobre a academia mas sobre todas as instituições. Como um cavalo de Troia explosivo, Foucault indicou, entre muitas coisas, a arqueologia do domínio da verdade e não foi mais esquecido, o que é algo a se pensar.

Sinto que, a cada dia que um socionomista vira as costas para qualquer demanda por equilibrar o jogo de forças ou a queda de braço com a ciência *mainstream*, perdemos também oportunidades políticas de uma ocupação que seria benéfica para nosso processo de desenvolvimento. Por outro lado, vemos surgir fartamente publicações de qualidade em nosso grupo brasileiro, com muitos títulos e autores de primeira linha e um periódico como a *Revista Brasileira de Psicodrama*, de alcance global e indexada com boa classificação. Isso indica vida longa à literatura psicodramática brasileira. Nenhum projeto que se entenda político sobrevive sem tais canais.

Reconhecer que as palavras compõem discursos e os discursos formatam processos políticos impulsiona-nos a dobrarmo-nos constantemente ao ato autorreflexivo do exame das palavras que nos nomeiam, mesmo sendo elas postos temporários de um processo nômade. Formalizar e "informalizar" termos instituídos é, portanto, um exercício de saber e de poder político, mediado e cristalizado principalmente no campo da formação de novos membros de nossa comunidade. Retomando Foucault (1987), qualquer conjunto de signos ou sinais é um dizer que, ao pretender referir-se ao mundo, na realidade o está produzindo. Portanto, ao nomearmos e ensinarmos nossa prática, formatamos aquilo que se torna figura e aquilo que se torna fundo. Instauramos o que é importante e o que é acessório.

O ato de resistência de dentro das universidades, das escolas de formação e pós-graduação e demais instituições e grupos de estudo que representam a socionomia e o psicodrama, num constante questionamento do *status quo* de nossas práticas, publicando e produzindo novos conhecimentos nas chatas normas exigidas, é, apesar de parecer o oposto, algo de enorme carga criativa. Só assim mantemos nosso projeto comum como algo vivo e colorido, embora dentro de certos limites quadrados que as instituições nos impõem. Refletir sobre nossa semântica continua um desafio político em aberto. Traduzirmo-nos para o mundo *mainstream*, assim como brincou Sérgio em seu "sumário bem-comportado", é um esforço coletivo de invenção e reinvenção que não nos deixará nos tornarmos uma língua morta ou que só se faça entender por poucos eruditos e simpatizantes.

Além das forças democráticas brasileiras, da inquietação por nomeações teóricas mais precisas e compreensíveis, mas não rígidas, da ambição por ampliar nosso lugar no campo científico e do desejo, quase ingênuo, de parâmetros epistemológicos mais unívocos, o que mais de importante não queremos que acabe em nosso cesto de lixo psicodramático? Cesto esse que, para alguns, é de descartes e, para outros, um baú de preciosidades a ser protegido e resgatado sempre, de tempos em tempos.

Se partíssemos de um pressuposto filosófico de Nietzsche[5], que olhava com desconfiança a ideologia de um progresso humano e de um caminhar para um mundo ideal, concluiríamos com ressalvas que não haveria de fato um verdadeiro ato de "jogar algo no lixo" e esquecer. Não há faxina possível para tirar da nossa frente aquilo que não queremos mais ver ou com que não sabemos lidar. Não há perspectiva linear ou evolutiva para a história, e tudo que já foi – de bom e de ruim, de belo e de feio – pode sempre emergir novamente do nosso lixo imaginário, em algum momento, tanto do ponto de vista individual como do coletivo. Fato observável nas dores antigas trazidas a nossos consultórios e que parecem pulsar como feridas recentes e também naquelas originadas nos inúmeros fenômenos políticos aparentemente retrógrados com os quais temos lidado e que continuarão por aí.

Visualizemos então o que quer que emerja do lixo como "copo meio cheio", pois algo sempre emergirá e, com base em uma compreensão política mais ampla e polifônica, poderá ser resgatado e levado como matéria-prima para algum processo de reciclagem, reconstrução e renovação. Uma vez que contamos com instrumentos ligados à arte em nosso repertório, podemos sempre nos embrenhar em outro tipo de sustentação da complexidade, incompreensível pela linguagem apenas racional. Vivemos, conforme Giddens (2002), em tempos de uma ordem pós-tradicional que nos ofusca e turva a compreensão e o olhar, mas nos liberta, mais que nunca, da necessidade de "ter de" excluir, ou tentar jogar no lixo, aquilo que não se entende, nos livrando também de "ter de" encontrar ou manter respostas definitivas para todas as nossas angústias, sejam elas políticas e/ou existenciais.

5 Esse aspecto da filosofia de Nietzsche, transversal em várias de suas obras, pode ser resgatado em interessante artigo de Bittencourt (2011).

REFERÊNCIAS

ABREU, L. L. 1984-2016. *Anais do V Colóquio Internacional de Direito e Literatura – Justiça, Poder e Corrupção*, Rede Brasileira Direito e Literatura, 2017, p. 161-84. Disponível em: http://seer.rdl.org.br/index.php/anacidil/article/view/252/pdf. Acesso em: 12 dez 2019.

AGAMBEN, G. *O amigo & O que é um dispositivo?* Chapecó: Argos, 2014.

AGUIAR, M. "Teatro espontâneo e psicodrama *à deux*". In: Textos Psicodramáticos (blogue), 9 maio 2011. Disponível em: http://textospsicodramaticos.blogspot.com/2011/05/teatro-espontaneo-e-psicodrama-deux.html. Acesso em: 18 dez. 2018.

ALMEIDA, W. C. *Rodapés psicodramáticos: subsídios para ampliar a leitura de J. L. Moreno.* São Paulo: Ágora, 2012.

BITTENCOURT, R. N. "As falácias da ideia de progresso segundo Nietzsche". *Acta Scientiarum*, Maringá, v. 33, n. 1, 2011, p. 81-96.

CHOMSKY, N. *Language and politics.* Oakland: AK Press, 2004.

CUKIER, R. *Palavras de Jacob Levy Moreno: vocabulário de citações do psicodrama, da psicoterapia de grupo, do sociodrama e da sociometria.* São Paulo: Ágora, 1992.

DELEUZE, G. *Empirismo e subjetividade: ensaio sobre a natureza humana segundo Hume.* 2. ed. São Paulo: Editora 34, 2012.

ECO, U. *Viagem na irrealidade cotidiana.* Rio de Janeiro: Nova Fronteira, 1983.

FOUCAULT, M. *A arqueologia do saber.* Rio de Janeiro: Forense, 1987.

GIDDENS, A. *Modernidade e identidade.* Rio de Janeiro: Zahar, 2002.

MARRA, M. M.; Fleury, H. J. (orgs.) *Sociodrama: um método, diferentes procedimentos.* São Paulo: Ágora, 2010.

MASCARENHAS, P. Multiplicação dramática. *Acheronta*, Buenos Aires, n. 7, 1998. Disponível em: www.acheronta.org/acheronta7/multiplicacion.html. Acesso em: 12 dez. 2018.

MELLO, D.; WECHSLER, M. P. F. "Bioatria: um conceito essencial no território da obra de J. L. Moreno". *Revista Brasileira de Psicodrama*, São Paulo, v. 25, n. 1, 2017, p. 38-48. Disponível em: https://dx.doi.org/10.15329/2318-0498.20170005. Acesso em: 12 dez. 2019.

MORENO, J. L. *Psicoterapia de grupo e psicodrama.* Campinas: Livro Pleno, 1999.

NERY, M. P. *Grupos e intervenção em conflitos.* São Paulo: Ágora, 2010.

PEIRCE, C. S. *Collected papers of Charles Sanders Peirce*, v. 1. HARTSHORNE, C; WEISS, P. (orgs.). 4. ed. Cambridge: Harvard University Press, 1974.

PERAZZO, S. *Fragmentos de um olhar psicodramático.* São Paulo: Ágora, 1999.

TESICH, S. "A government of lies". *The Nation*, Nova York, 6-13 jan. 1992, p. 12-14.

8. O corpo poético como atitude política: por um contágio de saúde

Rosane Rodrigues

Não forces o poema a desprender-se do limbo.
Não colhas no chão o poema que se perdeu.
Não adules o poema. Aceita-o
Como ele aceitará sua forma definitiva e
concentrada
No espaço
Carlos Drummond de Andrade

Reconhecer a humanidade no outro humano é reconhecer o corpo desse outro e sua cidadania. O corpo na multidão pertence a essa humanidade: quer esteja em uma balada, em pé, grudado em outros corpos estranhos; quer na rua, com distâncias relativamente seguras de pertencimento cívico; quer no elevador, com a tensão do compulsório companheirismo temporário com o desconhecido; quer ainda em eventuais blocos de Carnaval. Também o corpo vinculado a outros humanos por afinidade e manutenção de construção de conhecimento pertence a essa humanidade – quer seja na relação do grupo familiar, quer no calor da sutil agressividade sexual, quer entre amigos, quer ainda em vínculos profissionais como o do psicodramatista, sua equipe e os cocriadores do texto/ação que surgirá de intervenções em ato ou processo. De todos os modos, há implícito um olhar político sobre como se comportar diante do corpo do outro e do próprio e, ainda, sobre quanto se aceitam diferenças e se forçam ou não padrões de vestir, agir e viver.

Que liberdade ou respeito se deve ter quando humanos se encontram na arena da vida? Mesmo que essa arena seja virtual e o corpo esteja protegido pela tecnologia, mantendo uma corporeidade distante que favorece certa irresponsabilidade sobre ações que no "olho a olho" não aconteceriam. Como se dá o olhar político que atravessa mínimas ações na relação com o outro? Que radicalismos de esquerda ou de direita, que pitadas de naturalização de ações das quais nem nos damos conta e que legitimam um olhar muito diferente do discurso proposto? Por exemplo, chamar alguém de mulato, legitimando um padrão histórico nomeado por brancos com base na figura da mula. Esse corpo colorido foi considerado "menor" que a tal "cor de pele", denominação que se encontrava nos lápis "de cor" de pouco tempo atrás e hoje foi disfarçada em "*nude*" para evitar processos. Porém, o discurso da hegemonia branca permanece como referência política para os brancos que se dizem "moderados".

Dado que esse contexto nos atravessa como psicodramatistas, me inspiro a fazer uma reflexão com base no que considero nossa saúde como profissionais e a de nossos "clientes", que se constituem em cocriadores de espontaneidade poética e da política de corpos ao se relacionarem.

O corpo como presença de humanos envolvidos em qualquer intervenção de ordem artística e/ou científica pode ser considerado de variados pontos de vista. Mesmo que o objetivo não seja trabalhar diretamente o corpo, não se deve ignorar que são esses corpos que permitem qualquer troca, aproximação de estudo, pesquisa e transformação humanas.

Entre um discurso com acento no verbal e outro no corporal, existe a linguagem da ação. A linguagem da ação, como é o caso da abordagem socionômica, se manifesta em sua plenitude na presentificação do aqui e agora. Ou seja, na cena teatral e improvisada realizada com finalidades específicas de transformação dos atores envolvidos. O corpo que se sente e que se pensa *aqui*, ainda que possa estar em um palco, numa rua, num círculo de giz; e a mente que se pensa e se sente no *agora*, ainda que possa estar inspirada num ponto específico do passado ou do futuro. Mente que é também corpo com foco na imaginação. Segundo o dicionário *Houaiss* (2009, p. 1.274), parte incorpórea, inteligente ou sensível do ser humano.

Para tal metodologia da ação dramática, todos os corpos envolvidos no processo de transformação devem ser aquecidos para estados espontâneos, dos elétrons que transitam nas trocas entre as pessoas aos movimentos mentais desses corpos. Tanto os corpos da equipe responsável por propiciar e facilitar o aprofundamento, o questionamento e a transformação de um ou mais conflitos em material de ressignificação e multiplicação de sentidos quanto os corpos de quem busca uma mudança em si e nas questões que desloquem esses corpos e os provoquem. Chamo de equipe o que pode ser um(a) diretor(a) apenas ou toda uma trupe de egos-auxiliares ou de egoatores e, eventualmente, egomúsicos.

Também deve ser considerado para objetivo de transformações psicodramáticas o acordo entre equipe e participantes a respeito de questões logísticas, tais como duração e espaço físico, assim como a possibilidade mágica da suspensão da realidade pela criação da realidade suplementar. Aqui destaco a relevância do cuidado com a continência e o contorno do contexto grupal para que trocas, acordos, liberdades e diferenças sejam permeados por segurança e ousadia.

Uma vez aquecido o corpo e realizado o acordo com o grupo presente, do tamanho que for, mobilizando estados espontâneos em todos, os corpos encarnam e produzem de maneira complexa ações concretas em direção a representações subjetivas privadas e/ou compartilhadas, conscientes e inconscientes. Essa potente e envolvente mágica só é conquistada por um aquecimento de todas as partes, com clareza dos papéis e das funções de cada um, da abertura e da entrega de todos. E segurança, principalmente no não julgamento alheio – ou, dito de outra forma, na aceitação. Esse é o contexto dramático criado com base no grupal.

Exatamente aí o psicodrama toca a arte, o poético. E se abrem possibilidades de ideias, recordações, coincidências. Essa é uma situação entre pessoas com um projeto comum por tempo e espaço previamente determinados e coordenados por uma equipe. Se um grupo se reúne em torno de uma ideia compartilhada e decide pôr em ação simulada questões acerca do projeto conjunto, um gesto pulsante pode emergir do grupo no corpo ou nos corpos dos atores. Nomeio-os com base nessa visão de atores sociais e políticos, num acordo de absoluta equidade entre todos os participantes de que o que se passará em cena é teatro, sem as consequências concretas da vida.

O psicodrama se dirige para a ação criativa e transformadora, contando com o máximo de vigor possível. Assim como na vida, no *setting* de uma sessão ou na cena aquilo que se inquieta em um corpo expressa vida, vigor. Seja um pé balançando enquanto alguém está sentado calmamente, ao menos na aparência, contando algo, seja um olhar que conta sobre uma nova direção de ação. Seja em nós, seja em quem estamos. É vigor igualmente um sono inesperado que nos acomete sem explicação de cansaço e nos atrapalha durante um momento de foco profissional. Essa vida que se manifesta pode ser uma grande pista de trabalho, talvez uma intuição. Como será usada, dependerá do grau de autoconhecimento que o profissional tiver. Pressupomos que alguém que trabalha para ajudar os outros a se conhecerem melhor também faça um investimento forte no próprio autoconhecimento.

A potência que o profissional de psicodrama busca em seu cliente pode estar num gesto que simbolize desânimo. Isso não é igual a estar desanimado, e sim representar, simular esse desânimo intencionalmente para exibi-lo e, se for o caso, espantá-lo. Ou seja, expressar artisticamente o gesto buscando vigor e precisão para o desânimo que se pretende transformar em potência, a fim de criar no lugar esperança de caminhos e recursos de superação. Os recursos da metodologia psicodramática permitem pôr esse corpo em ação pelo *corpo em cena*, desperto, vigoroso e consciente, ainda que a cena represente o desânimo que com frequência acomete esse corpo diante de sua vida. Claro que se buscam aqui caminhos de transformação desse estado.

Esse vigor poderia ser chamado de espontaneidade, saúde e, especificamente na dimensão corporal, de tônus (tensão ótima). Segundo Gerda Alexander (1991, p. 12), os psicofisiólogos definem o tônus como "a atividade de um músculo em repouso aparente". Ou seja, um músculo está sempre em atividade, mesmo quando isso não é traduzido por movimentos e gestos. O tônus tem, em condições ideais, um nível homogêneo em todo o corpo. Alexander explica que a mesma escada que, num momento de alegria, subimos sem esforço nos parece interminável quando estamos num estado depressivo. Essa autora também nos conta da influência de conduta de indivíduos sobre a tonicidade de outros. Alguém que está nervoso e tenso ou que está relaxado pode, segundo ela, influenciar todo um grupo. Crianças e animais são particularmente sensíveis a essas transferências tônicas, como denomina, ou o que há algum tempo chamo de contágio.

Conhecido o contágio de doença, como uma gripe, vem me fascinando a ideia de um contágio de saúde, como num *setting* psicoterápico acolhedor e calmo, em que o cliente fica mais amistoso consigo mesmo em seus aspectos mais sombrios. Knobel (2007) nos inspira quando fala de campo télico, que vem a ser um campo de forças de saúde, pleno de mutualidades. É esse o campo esperado no *setting* psicoterápico, mesmo quando este é uma clínica ampliada numa praça para alguém em situação de rua – afinal, essa é sua casa, a rua! Num mundo ideal, o campo télico seria o melhor ambiente para o desenvolvimento da educação de qualquer criança.

O contágio sofrido num campo tóxico e disfuncional pode gerar uma atitude correspondente, talvez arisca ou mesquinha, e, em consequência, produzir um corpo defendido e pronto para pular, atacar e agredir. Poderíamos ter, em contrapartida, o contágio de saúde (espontaneidade). Ou seja, os corpos expostos a ambientes fluentes, de atitudes calcadas no bom senso, poderiam sofrer e sofrem essa influência construtiva, resultando em corpos parecidos consigo mesmos, com baixo nível de distorção de sua natureza. Claro, outros fatores podem corresponder a alterações genéticas ou acidentais que interfiram nesse "ideal".

Voltando ao vigor, um corpo com tônus natural e flexível permite adaptações contínuas a situações exteriores e, portanto, expressar-se com precisão e economia de energia.

A que corpo me refiro? Corpo poderia ser definido de várias formas. Chamo de corpo humano sua estrutura física, biológica e política. Esse corpo que se expressa, se relaciona, sente, sofre, pulsa, tem limites físicos e genéticos, mas não em sua criatividade. Também considero corpo e mente movimentos e processos distintos em nós, e não separados. Bergson (1987) diz que nos é exigida constantemente uma atenção desperta que "vislumbre os contornos da situação" com certa elasticidade de corpo e de espírito, que nos permita adaptação. "Tensão e elasticidade, eis as duas forças reciprocamente complementares que a vida põe em jogo" (*Ibidem*, p. 18). Adiante, ele afirma:

> Veremos que nossos estados de espírito mudam de instante a instante, por menos que reflitamos sobre isso, e que, se nossos gestos acompanhassem fielmente nossos movimentos interiores, se vivessem como vivemos, jamais se repetiriam: por isso, seriam incapazes de qualquer imitação. Portanto, só começamos a ser imitáveis quando deixamos de ser nós mesmos. Isto é, só se pode imitar de nossos gestos o que eles têm de mecanicamente uniforme e, por isso mesmo, de estranho a nossa personalidade viva. Imitar alguém é destacar o automatismo que ele deixou introduzir-se em sua pessoa. É, pois, por definição mesmo, torná-lo cômico. Não surpreende, portanto, que a imitação cause riso. (*Ibidem*, p. 25)

Esse trecho, publicado em 1900 na primeira edição de *O riso*, parece demonstrar que Bergson realmente inspirou o conceito de conserva cultural de Moreno (1993, p. 158-60). Esse conceito ancora as noções de saúde e de espontaneidade e dialoga dialética e permanentemente com elas. Aqui vale pontuar que conserva cultural pode se referir à repetição de padrões sem vida ou, como chamei em uma publicação, a "cristalizações vazias" (Rodrigues, 2016, p. 52), sem mais significado; pode-se, também, diferenciá-la de outras repetições que considero saudáveis e interessantes. Por exemplo, seriam cristalizações não vazias ou plenas as técnicas que precisam ser repetidas para que haja o aprendizado e o aperfeiçoamento de um ofício e que configuram o processo de desenvolvimento de um papel social: *role-taking, role-playing e role-creating.* Ou, ainda, todo o cabedal de conhecimento da humanidade arquivado em bibliotecas físicas ou virtuais, que são conservas culturais plenas de vida, e não cristalizações vazias, pois, depois de ser lidas, podem inspirar transformações com base na tradição. Seriam cristalizações vazias aquelas que perderam ao longo do tempo o viço do significado que as originou, como um ritual tradicional que se repete sem questionamento do porquê de se proceder dessa ou daquela maneira.

O corpo, quando se expressa, pede para tomar forma e contorno. Algo visceral que muitas vezes é a expressão de inquietação, constrangimento, dor, impotência, alegria, surpresa, prazer etc. Em termos gerais, a saúde mental e a física se conjugam, mas ainda necessitam de uma disposição, que pode ser chamada de atitude. É evidente que o corpo saudável contribui decisivamente (no coletivo) para uma atitude e para a saúde das relações, de autonomia, de organização de ideias e priorizações. E, assim, esse corpo pode se voltar para o outro, o coletivo, o grupo, a troca e o político. Essa atitude retroalimenta saúde ou doença para esse mesmo corpo.

Imaginemos alguém que se encontra em uma relação abusiva. Bastante provável um corpo encolhido, amedrontado, oprimido, complemento adequado a um opressor e vulnerável a um pseudossalvador, como boa parte do povo brasileiro. A lógica, porém, pode ser outra quando esse corpo é de alguém que é poderoso no papel profissional e só se deixou abusar por outras razões. Uma cliente de psicoterapia, no meio do processo de conscientização de estar sofrendo abuso do marido, descobre que uma forte dor que tinha nas costas era nada menos que duas vértebras fraturadas. O médico, perplexo, diz que aquilo não se explica, pois ela não caiu nem sofreu um trauma. A fratura da submissão. Não encolheu, mas quebrou. Ou foi quebrada!

O corpo se acostuma, se acomoda, vai se adequando a condições mesmo que adversas e que provoquem dor num primeiro momento. A dor vai sendo substituída por uma insensibilidade e se naturalizando como postura antinatural, tal qual a dor emocional ou as atitudes de medo em épocas de intimidação, como as que foram vividas na ditadura militar brasileira e em certa medida a que vivemos no Brasil atual, com a homofobia legitimada pelo governo eleito em 2018. Um "anestesiamento" crônico que desencadeia outras "desacomodações" e consequentes acomodações estranhas ao corpo. Politicamente, portanto, quando o poder abusivo se mantém causando algum tipo de falta de autonomia sobre a vida, usamos a natural tendência humana de compensação para parar de sentir a dor. E o corpo entorta, provocando outras compensações. Também pode servir de modelos corporais estranhos para dependentes em fases sensíveis a imitação, principalmente crianças. Isto é, o antinatural se reproduz e cria raízes. Se essa situação persistir por muito tempo, o corpo precisará de um choque para que estranhe e necessite voltar a seu movimento natural. Quanto mais tempo passar, mais o processo deverá respeitar etapas para esse retorno, que é mais um novo movimento que uma volta. Até porque há corpos que foram adulterados desde muito cedo e praticamente desconhecem seus movimentos naturais. Portanto, o caminho seria o de desnaturalizar a doença e a falta de espontaneidade, favorecendo a exposição máxima à saúde, por intermédio de modelos saudáveis e um favorável campo télico de respeito às diferenças. Para isso talvez seja necessário um trabalho conjunto com uma intervenção corporal. Recordo-me aqui de outra cliente, que praticamente eliminou sua gagueira com psicoterapia psicodramática, mas precisou completar o processo com um trabalho fonoaudiológico de flexibilização de musculatura para eliminar o sintoma.

Ressalto que aqui não há uma busca de perfeição nem de consertar algo errado, ou seja, não se almeja um corpo que possa expressar tudo. Isso nem existe. O que se busca é chegar a um amplo espectro de possibilidades que corresponda à realidade de cada pessoa e dos grupos com os quais ela se relacione. Como um direito e uma responsabilidade de autocuidado, que mantenha o viço de abertura para aprender, experimentar e trocar. O oposto disso seria um corpo cristalizado, estagnado, que não tem liberdade para se expressar e fica comunicando a mesma "mensagem", como que pedindo socorro em vários idiomas, inclusive corporais: os sintomas. O cuidado com esse corpo é manter e ampliar as possibilidades de um ser humano e criar um corpo expressivo, com saúde.

Considero também importante diferenciar um corpo como ele resulta no cotidiano, em "modo automático", de um *corpo em cena*, nada automático e completamente desperto e pleno de intenção e de autoatenção. O segundo modo é vivido, por exemplo, quando nos sabemos observados ou quando nos observamos sem espelho, ou seja, nos percebendo desde "dentro". A auto-observação pode ser intencional ou "obrigada" por algo, como uma propriocepção ou uma intercorrência exterior. Podemos atentar para nossa postura corporal e para o que nos leva a ela, assim como dar especial atenção a nosso modo de vestir esse corpo e aos pressupostos que nos levam a escolhas específicas ao selecionar o vestuário. Do mesmo modo, podemos ser obrigados a perceber o corpo porque um desconforto fica mais forte ou porque vamos nos apresentar em público e nos observamos antes e durante o evento. Notar que o corpo automático, ou os movimentos e posturas que criamos para nosso conforto, leva-nos a reproduzir um processo histórico, às vezes bem antigo em nossa vida. Isso também pode ser fonte de inúmeras doenças físicas.

Um corpo atento, em variados graus de atenção e de abrangência, integra um corpo físico, sensível a um pensar, imaginar e intuir sobre ele. Em uma dramatização, alguém pode se dar conta de que seu corpo, ao desejar se expandir e revelar algo, gera uma reação de tontura ou mal-estar. Isso "conta" sobre uma proibição histórica interna que impede essa expansão. Poderíamos dizer que há aí um alto grau de autoatenção. Num relaxamento para uma fantasia dirigida, por exemplo, o grau de autoatenção também é alto e a abrangência, extensa, pois pega o corpo todo. Numa dor de dente forte, temos uma autoatenção em alto grau, com nenhuma abrangência e com baixa reflexão ou intuição possível, pois a pessoa se sente, toda ela, um dente inflamado. A fantasia dirigida mencionada é qualquer condução realizada pelo(a) diretor(a) de olhos fechados, em que lugares, personagens etc. são sugeridos ao grupo e cada um desenvolve em silêncio na imaginação. Difere do psicodrama interno, que é individualmente conduzido, com interferência direta do cliente (Rodrigues, 2016).

O que seria, então, o corpo poético?

Um corpo pleno. Pleno de expressão, em que há presentificação e autoatenção. Esse corpo pode surgir em qualquer lugar e a qualquer momento. Podemos casualmente ver alguém na rua que chame nossa atenção e que poderíamos facilmente fotografar, mesmo sendo um estranho, se estivermos com uma câmera a postos naquele exato instante.

Tônus potente e com a expressão coerente com a atitude. Potência, mesmo que a expressão seja de dor ou tristeza. E não é preciso que seja belo, na concepção corrente de beleza. Até porque há corpos belos e sem viço, quase desabitados, sem alma.

Esse corpo, o corpo poético, é o que procuramos numa dramatização ou no teatro. Corpos expressivos que nos contagiam com sua força e potência. A especificidade do teatro é que aquele corpo está pesquisado e trabalhado intencionalmente para ser visto e emocionar a plateia. No psicodrama, no entanto, esses corpos surgem da cena e com base em estados espontâneos mobilizados pela metodologia. A direção do psicodrama valoriza ou deveria valorizar esse corpo poético, cheio de verdade, coerente com o que o conflito daquela micropolítica disparou. Aqui triunfam o estético e o poético que podem não ser nada belos. Pode ser uma expressão muito deformada que demonstra como aquela pessoa vê sua própria opressão interna. E isso é transformador, belo, potente e perturbador, tudo a um só tempo.

Se procuramos esse corpo poético transformador, potente, em nosso(a) cliente, em nossa busca de ser uma escuta preparada, sensível e intuitiva, questiono então: estamos em condições de ter um corpo assim, consciente de nossa história, coerente com nossos limites e com possibilidades de um corpo poético? Posicionamento político exige ou deveria exigir comprometimento e coerência.

Um olho no peixe e outro no gato! Um olho voltado ao público com que trabalhamos e outro voltado para nós mesmos como profissionais que pretendem estar preparados para acolher, compreender, intervir, perceber o outro, prevenir, servir, usar recursos técnicos para ajudar nas transformações demandadas. O corpo do psicodramatista deveria sofrer um processo de autoconhecimento – desde a postura, passando pela possibilidade expressiva, até o que sua história conta, por exemplo, no modo de vestir, na idade, na gestualidade. E estar sempre atualizado nessa autopercepção.

Ao tratar dos temas protagônicos, é política a atitude de se importar e procurar cuidar de corpos automáticos – como que possuídos por cristalizações vazias, desatualizados consigo mesmos –, buscando favorecer que se expressem e se conheçam. É igualmente política a atitude de "ouvir" e ver esses corpos, ao mesmo tempo que se vê a si mesmo. É político não impor uma verdade corporal ou não se mostrar incoerente com o que conta seu corpo, como profissional de educação, saúde etc.

O pouco acesso dos psicodramatistas à arte, mais especificamente ao teatro, assistindo ou pesquisando, já cria uma incoerência relativa com o que eles buscam. Ter conhecimento sobre a linguagem teatral não significa teatralizar tudo. Muito ao contrário, pode significar, por exemplo, que paremos de repetir, como papagaios, que drama significa ação, como se isso explicasse o método. Isso é antigo na linguagem teatral. Drama, hoje em dia, para o meio teatral, é o drama burguês, de má qualidade. Exatamente aquele contra o qual Moreno se rebelou em 1921:

> O descontentamento com o teatro era geral e a rebeldia de Moreno está alinhada com o pensamento do movimento vanguardista da época, até porque seus companheiros eram do movimento expressionista nascedouro. Moreno, em seus textos, critica muito o teatro pela ausência de espontaneidade dos atores e ataca violentamente o clichê teatral. No entanto, devemos relativizar a crítica, contextualizando a qual teatro ele se referia. Ou seja, um teatro igualmente criticado por inquietos artistas teatrais do período que buscavam uma quebra do paradigma da beleza, do "arrumadinho" da aristocracia, do artificialismo, por meio do teatro experimental. (Rodrigues, 2016, p. 22)

Muita gente busca o teatro para melhorar sua comunicação e transmitir com mais clareza o que pretende dizer, enquanto alguns psicodramatistas permanecem falando baixo demais ou ficam de costas para o público. Isso sem falar dos colegas cujos discursos pregam abertura política e co-construção, mas exibem atitudes não condizentes, pois de fato não toleram um final que não seja feliz ou não aguentam ouvir o grupo e querem manifestar sua opinião e dizer o que acham certo. Corpos visualmente sem cintura, às vezes verdadeiros tanques que passam por cima de qualquer coisa que não esteja de acordo com sua prévia verdade. Que promovem intervenções não para de fato construir junto, mas para enaltecer suas verdades ou, pior, para se autopromover. Ou seja, "ouvir" só o que interessa para dizer o que já se queria. O discurso é de flexibilidade, mas falta abertura para aprender com o grupo, para experimentar junto.

Há os profissionais que seguem um protocolo arrumadinho, uma fórmula para não errar, e nesse caso frequentemente seus corpos não têm peso nem carisma. Trata-se de repetir o caminho conhecido e batido de dividir o grupo em subgrupos, e estes que façam seus teatros, pois com isso o psicodramatista não precisa "ler" o que o grupo busca pesquisar e improvisar do tema protagônico por não "sobrar tempo" para aprofundar com ação dramática o que foi trazido nas cenas. Então o aprofundamento acontece no verbal do compartilhamento, e perde-se a oportunidade da força da metodologia que busca o *insight* dramático. Ora, desse modo se fica somente no jogo dramático e nada se arrisca. Quando isso é feito num processo de algumas sessões, pode fazer sentido, pois haverá oportunidade futura de aprofundamento. Numa intervenção em ato (Rodrigues, 2008, p. 114), porém, pode significar não se arriscar e só repetir o que já se sabe.

Há os corpos enrijecidos. Tão eretos, com a coluna vertebral praticamente desprovida das curvas naturais ao corpo humano, que tornam claro que suas verdades vêm de fora para dentro. Verdades prontas, não abertas a questionamentos, cheias de regras de como não se deve fazer. Profissionais que já levam um roteiro prontinho desde seu planejamento, no qual não cabem improvisações. Corpos que parecem ter "engolido" um cabo de vassoura, de tão retos.

Há também os corpos que comunicam descontração, flexibilidade, desapego, porém vestindo roupas caras e às vezes incoerentes com um público que não tem acesso a esses privilégios. É frequente vir junto uma linguagem sofisticada, acompanhada da dificuldade de se conectar com o grupo. De fato, esses corpos comunicam um estar acima. Poder e vaidade disfarçados num discurso de flexibilidade e coconstrução.

Há ainda o corpo do profissional que não comunica sustentação e segurança ao grupo. Vai e volta em instruções[1], não sabendo

[1] Pontuo que utilizo a palavra "instrução" em lugar da expressão popular "consigna" por esta última ser estrangeira e ter se originado numa tradução malfeita.

exatamente onde ficar, com excesso de ansiedade na fala, projetando a cabeça para a frente de modo que o mental parece não levar em conta o que o corpo está sentindo e ressoando para o próprio profissional.

O autoconhecimento deveria ser cultivado, ampliando possibilidades para que o socionomista/psicodramatista componha e melhore a escuta e a comunicação, e consequentemente a troca. Assim também a linguagem teatral, mãe do psicodrama, casada com a ciência, que é o pai, nos inspira, nos ensina e fortalece o poético da ação dramática. Claro que o objetivo do teatro é diferente daquele do psicodrama. Neste último, temos um diretor em cena que presentifica a ação que partiu de um contexto grupal, cúmplice da proposta ficcional que deve expandir esse tema. No teatro, quando assistimos à peça, o diretor não mais está em cena, ao menos não como diretor. São ofícios diferentes e propostas que, embora próximas, têm contratos específicos com o público. Augusto Boal sabia muito bem disso e utilizou vários recursos psicodramáticos em seu Teatro do Oprimido, assim como a magnífica Myriam Muniz em seus ensaios com os atores, para tirar o melhor deles no espetáculo.

No entanto, o teatro tem uma linguagem e um preparo corporal que os psicodramatistas deveriam conhecer minimamente, haja vista que utilizam vários jogos teatrais criados há muito pelo teatro ocidental, que remonta à Grécia antiga. Poderiam conhecer como surgiu o primeiro protagonista, no tempo dos concursos de tragédias, destacado de um coro grego por Téspis (Pavis, 1999, p. 310) no século VI a.C. Esse protagonista surge para dialogar sobre o conflito dos homens com o destino dado pelos deuses, o que redundava em uma tragédia. Com isso, parariam de dizer que protagonista agoniza. Protagonista é o primeiro combatente (*Idem*) que dialoga com os deuses gregos e intermedeia junto ao coro a representação do público presente em seu "destino". Também estudando teatro, poderiam parar de chamar cenário de palco, pois o espaço cênico é um local e a cenografia é o que se coloca nela, mesmo que simbolicamente.

Igualmente, o texto que se desenvolve em cena pelo grupo presente, mesmo sendo uma criaturgia, deveria ser cuidado e mantido pela direção com certa coerência entre o ficcional cênico e o textual. Como registra Pavis (*Ibidem*, p. 407): "A teoria da ficção obriga a pensar a relação do texto e da cena perante o processo de ficcionalização que a encenação realiza à vista do espectador". Vou chamar isso de *justificativa dramática*. Não guarda uma relação específica com o corpo, mas se trata de um conhecimento que ajudaria muito um(a) diretor(a) a criar condições de potência da cena e dos corpos poéticos presentes nela. Para construir o poético/artístico em cena, podemos nos expandir numa linguagem pouco realista, farsesca, simbólica, bem louca. Contudo, até mesmo a linguagem não realista tem uma justificativa dramática para dar continuidade à ação ficcional. O texto, ainda que improvisado, provavelmente ficaria inverossímil se uma mãe do mundo interno de um cliente dissesse em cena que não gosta de seu filho ou se um funcionário público na cena pedisse suborno abertamente. Ele poderia dizer isso em solilóquio, mas não costuma haver justificativa dramática para tal fala se não for uma cena de corrupção absoluta e explícita. É provável que a mãe não esteja aquecida o bastante pela direção, pois o filho ainda não trocou de papel com ela para que o desamor surja de forma mais verossímil. A equipe deveria então intervir na cena e prevenir incoerências que a tornem caótica e causem a perda da linguagem para o grupo todo na sequência das ações. Para tudo isso, estudar teatro ajudaria muito.

Finalizo com a esperança de que estudos sobre corpo e conhecimento teatral possam entusiasmar os psicodramatistas. E de que a base do teatro espontâneo e a improvisação sejam cada vez mais valorizadas, como pesquisa de seus efeitos, propiciando campo télico contagiante e contagioso adequado para o tratamento de grupos. Isso é fundamental para que todos entrem em cena com seus personagens aquecidos, e não somente sob o comando de um "eleito" pelo grupo e chamado erroneamente de protagonista. Advogo por personagens protagônicos principais ou coadjuvantes, criando juntos um texto vivo em corpos plenos de poética, estética e alma, para uma plateia imersa, comprometida, corresponsável com o tema protagônico, despida de julgamentos morais e com uma individualidade potencial a serviço de si e do grupo ao mesmo tempo. E que possam entrar e sair da cena conforme seu aquecimento sem que precisem ser escolhidos, mas convidados e puxados irresistivelmente pelo(s) tema(s) eleito(s) e pela força do coinconsciente.

O corpo político, portanto, é um corpo que busca se conhecer, que se sustenta e é sustentado por uma atitude política coerente com os princípios fundantes do pensamento psicodramático: inclusão, espontaneidade e cocriação. Um corpo com atitude política de contágio de saúde pode propiciar corpos poéticos e uma grupalidade transformadora, individual e coletivamente potente.

REFERÊNCIAS

ALEXANDER, G. *Eutonia: um caminho para a percepção corporal.* São Paulo: Martins Fontes, 1991.

BERGSON, H. *O riso: ensaio sobre o significado do cômico.* Rio de Janeiro: Guanabara, 1987.

HOUAISS, A. *Dicionário Houaiss da língua portuguesa.* Rio de Janeiro: Objetiva, 2009.

KNOBEL, A. M. "Sociometric scenarios". In: BAIM, C.; BURMEISTER, J.; MACIEL, M. *Psychodrama: advances in theory and practices.* Londres/Nova York: Routledge, 2007, p. 215-25.

MORENO, J. L. *Psicodrama.* 9. ed. São Paulo: Cultrix, 1993.

PAVIS, P. *Dicionário de teatro.* São Paulo: Perspectiva, 1999.

______. *Dicionário da performance e do teatro contemporâneo.* São Paulo: Perspectiva, 2017.

RODRIGUES, R. "Intervenções sociopsicodramáticas: atualização e sistematizações de recursos, métodos e técnicas". In: MARRA, M. M.; FLEURY, H. J. (orgs.) *Grupos: intervenção socioeducativa e método sociopsicodramático*, São Paulo: Ágora, 2008, p. 101-23.

______. *Teatro de reprise: improvisando com e para grupos.* São Paulo: Ágora, 2016.

9. Psicodrama e gênero: corpos em trânsito

Andrea Raquel Martins Corrêa

Sei que assusta tanto erotismo envolvido
Mas só te peço humanidade.
Luiza Romão

Uma nova compreensão sobre sexualidade e identidade de gênero vem se afirmando desde a segunda metade do século XX, provocando revisões conceituais, éticas e morais em diversos campos da sociedade. Indiscutivelmente, ao menos uma parcela das novas e das velhas gerações, nos tempos atuais, é formada por corpos em trânsito, constituindo o que tem sido denominado identidades fluidas.

Este texto almeja discutir se o psicodrama pode ser concebido como possibilidade de transformação, problematizando e contribuindo para novos modos de existência dos sujeitos que transgridem as normas da cis-heteronormatividade.

Diversos psicodramatistas reiteram em suas práticas e estudos teóricos os pressupostos sociais do psicodrama, definindo-o como uma ciência no campo da sociologia, não apenas da psicologia. A sociometria e o sociodrama são, assim, considerados métodos que investigam as relações humanas nessa óptica. Desde a origem do psicodrama, pode-se argumentar, muitos são os exemplos de intervenção com grupos no espaço público ou institucional. Em sua autobiografia, Moreno (2014, p. 79) destaca o trabalho que realizou com as prostitutas de Viena no ano de 1913:

> O bairro da luz vermelha de Viena, um gueto para prostitutas, localizava-se de início na famosa Am Spittelberg. Aqui se achava uma classe inteira

de gente segregada pelo resto da sociedade, não por causa de sua religião ou etnia, mas devido a seu trabalho. Elas eram inaceitáveis para os burgueses, para os marxistas e até mesmo para os criminosos.

Embora tenha sido influenciado pelo hassidismo – uma corrente mística judaica – e evoque preceitos religiosos em muitos de seus escritos, Moreno não partilhava do moralismo de matriz judaico-cristã. Segue sua argumentação, em outro trecho da autobiografia: "Nossas visitas nunca foram motivadas por nenhum desejo de corrigir as moças nem de analisá-las" (*Ibidem*, p. 80). Ele parecia, portanto, ter a dimensão dos aspectos morais, políticos e sociais envolvidos na questão da prostituição feminina. Por isso propunha, antes de tudo, um "sentido de dignidade" a essas mulheres que "haviam sido estigmatizadas por tanto tempo como pecadoras desprezíveis e gente indigna" (*Idem*).

Moreno ainda descreve o contexto histórico do início do século XX, criticando o nacionalismo, bem como o marxismo e a psicanálise, numa adesão ao existencialismo como único movimento no qual estava garantida a "liberdade do indivíduo de *ser*" (*Ibidem*, p. 78). Essa preocupação com a liberdade contribuiu para que o criador do psicodrama desenvolvesse o conceito de espontaneidade-criatividade, eixo fundamental no corpo teórico psicodramático.

Com o intuito de propor uma reflexão acerca da herança de Moreno, Marineau (2013, p. 116), seu reconhecido biógrafo, afirma:

> A teoria de Moreno implica que a pessoa não pode ser extraída de seu(s) ambiente(s) e que muitas subdisciplinas convergem e se combinam para explicar o destino das pessoas, desde a biologia e a psicologia até a sociologia, a antropologia, os estudos das religiões e as ciências políticas. Em sua opinião, a sociometria (ciência das relações interpessoais) e a sociatria (ciência da saúde mental do indivíduo são) seriam a integração supraciências que serviria como um guarda-chuva para as outras ciências.

Pode-se compreender, assim, que Moreno produziu uma obra interdisciplinar, ao mesmo tempo sólida e fragmentada. Enfatizou a criação de metodologias centradas na ação, mas ancoradas em pressupostos científicos, com o propósito de transformar as relações humanas e a sociedade, em última instância. Não seria possível, por conseguinte, descrever o psicodrama como uma prática, uma ciência e uma teoria encerradas num campo de neutralidade política, desinteressadas do debate ético e ideológico. Conceitos como papel social, conserva cultural e espontaneidade-criatividade expressam uma crítica e um posicionamento político que necessitam, contudo, de ressignificação.

CORPOS SUBVERSIVOS

Sabe a minha identidade? Nada a ver com genital.
Linn da Quebrada

Eis que mais um corpo irrompe neste vasto planeta. Por ter nascido com genital masculino, chamaram-lhe de menino. Por possuir um pênis, ensinaram-lhe gestos, modos, falas e expressões considerados decentes para seres humanos másculos. Numa sociedade heteronormativa, está acordado que os corpos se sujeitam às normas de gênero e de sexualidade impostas.

O corpo em questão, no entanto, transgride, desobedece e não acata a ordem estabelecida. Deseja ser mulher, às vezes hétero, às vezes homo, não importa. JuPat, artista *rapper* transgênero, narra sua própria história em versos que compõe e canta:

> [...] o princípio é mulher
> Alguém nessa linha me escuta?
> [...] Alguém quer trocar de corpo? Me ajuda
> Alguém quer trocar de identidade? Me empresta seu cérebro
> e seu mais sincero pedido de desculpas
> [...] A revolução será transexualizada

Seu modo de ser e de viver, tanto quanto o de outras pessoas transgênero, amplia experiências e desafia os corpos sujeitados, provocando tensões e rupturas nas relações. O corpo em trânsito, mesmo que não saiba, exprime um posicionamento político de transgressão, de não assujeitamento, opondo-se aos corpos normatizados. Ambos são corpos políticos, porque carregam em seus músculos e veias uma visão de mundo temporal, um discurso e uma narrativa construídos historicamente, bem como uma tecnologia e uma forma de expressão esculpidas pela sociedade.

O corpo fluido, no entanto, ao contrário do corpo domesticado, busca-se como criação permanente, compondo-se e recriando-se de maneira incessante. Tal disposição caracterizaria a espontaneidade que, segundo Vieira (2017, p. 66), se configura como "potência de resistência", na medida em que contribui para viabilizar o "agente criativo", sujeito disposto a recriar o mundo e a si mesmo.

Novas formas de subjetivação, que interpelam a ordem hegemônica normatizadora de identidades e produtora de sofrimento, são destarte criadas com base nos corpos que transitam, resistem e atuam como agentes de criação numa sociedade rígida e transfóbica. A canção "Enviadescer", de Linn da Quebrada, é emblemática disso. O verso "Se tu quiser ficar comigo, *boy*, vai ter que enviadescer" concebe um discurso não alinhado com a óptica tradicional e propõe outro tipo de relação, tanto de sexualidade quanto de construção política dos corpos, desvelando tais possibilidades para boa parte da juventude que acompanha a artista transgênero. É possível pensar o desejo de acordo com outros formatos e expressões corporais? Seguramente, sim.

É necessário ressaltar ainda que, na perspectiva de Vieira (*op. cit.*, p. 60), o psicodrama deve se constituir como um "dispositivo de crítica social", não como uma tecnologia de adaptação do indivíduo à sociedade. A prática e a teoria psicodramática podem, assim, franquear alternativas de fortalecimento daqueles que se entendem como corpos em trânsito, como identidades fluidas ou gêneros não binários. Tais corpos encarnam e desempenham papéis sociais de gênero em completa dissonância com aquilo que foi construído há muitos e muitos séculos para ser, efetivamente, uma poderosa conserva cultural e um dispositivo de controle social.

Seria importante, nesse sentido, que os psicodramatistas refletissem sobre o que fazem, em nome de quais valores e interesses se movimentam, interrogando a prática e a teoria em que estão ancorados e assumindo as próprias responsabilidades ético-políticas do campo profissional em que atuam. Recentemente, discursos religiosos que pareciam já superados, em particular o das igrejas evangélicas fundamentalistas, voltaram a circular e a pautar o debate acerca dos costumes, da sexualidade e do gênero. Com isso, propiciaram o acirramento de condutas que incentivam o ódio e a violência, tanto simbólica quanto efetiva, contra aqueles que não se enquadram na heteronormatividade.

NARRATIVAS

O pau-branco hegemônico enfiado a torto e a direto
suposto direito de violar mulheres
[...] face e orgulho nacional.
Luiza Romão

Segundo Foucault (2014a), o discurso científico da sexualidade que emergiu na modernidade produziu dispositivos singulares de poder e controle sobre os corpos. Catalogação, normatização e investigação por disciplinas da ciência conceberam verdades inquestionáveis acerca dos corpos, subjetivadas desde o nascimento. Uma dessas verdades diz que o desejo deve ser heterossexual, e o gênero, corresponder ao órgão genital – quando for pênis, é masculino; quando for vagina, feminino.

Em função da ascensão do feminismo na segunda metade do século XX, dos recentes estudos *queer* e da luta de movimentos sociais diversos, ocorreu um afrouxamento desses dispositivos de controle, permitindo assim que novos modos de ser e viver fossem experimentados. Houve certa ruptura com determinados padrões característicos de conservas culturais arraigadas, o que vem propiciando um exercício muito mais flexível dos papéis sexuais e de gênero no cotidiano, principalmente no da juventude. Tal exercício compõe o "agente criativo" designado por Vieira (*op. cit.*), sujeito cujo corpo se move transgredindo as rígidas fronteiras dos gêneros binários.

Por meio de sociodramas realizados em espaços de educação com adolescentes e jovens que se interessam pela temática do gênero, é possível investigar a potência da intervenção psicodramática como catalisadora de outros modos de existência, problematizando as formas hegemônicas de sexualidade. Narrativas mais conservadoras do exercício de papéis sexuais e de gênero se contrapõem a narrativas de corpos que consentem em maior fluência da espontaneidade criadora nos papéis mencionados.

A tensão e o sofrimento são elucidados em cenas – muitas vezes violentas, outras, poéticas – de personagens antagônicos confrontando formas de existir diversas. Um jovem homossexual quer ser dançarino, mas não consegue; uma adolescente bissexual é proibida pela mãe de sair de casa; um homem transgênero é perseguido por um grupo de rapazes; um corpo trans é assassinado. São cenas cotidianas que, no palco psicodramático, revelam o controle político-social sobre corpos que resistem ou morrem, que choram, gritam e dançam diante de mecanismos de silenciamento.

De acordo com Merengué (s.d., p. 26), as histórias produzidas em uma dramatização podem ter efeitos de questionamento dos regimes de verdade da sociedade, funcionando como dispositivos de discussão e problematização dos pressupostos dessas verdades. A experiência da cena protagônica permitiria explicitar as relações de poder e os jogos de verdade que assujeitam os corpos para que não haja desestabilização da narrativa supostamente verdadeira, qual seja, a de que as identidades fluidas e os corpos em trânsito são doentes, anormais, pervertidos.

Antigos dispositivos de controle político-social estão sendo renovados para validar a concepção da diferença como anormalidade. Evocada e difundida por grupos políticos e religiosos fundamentalistas cristãos, a narrativa eloquente da ideologia de gênero tem justamente essa função, capturar e aprisionar os corpos cujo desempenho de papéis aponta para uma vida, em certo sentido, mais autônoma, na qual o sujeito tem diante de si inúmeras possibilidades de experiências no campo do gênero e da sexualidade, podendo ser masculino e feminino ao mesmo tempo, ser assexual ou pansexual.

Segundo a professora Jimena Furlani (2015), a criação daquilo que é denominado como ideologia de gênero surgiu nos anos 1990 como reação ao impacto dos estudos de gênero nas políticas públicas, na jurisdição sobre os direitos humanos e nos paradigmas de configuração familiar e de subjetividade do sujeito pós-moderno. Tanto a Organização das Nações Unidas (ONU) quanto a União Europeia, ao se posicionarem a favor da diversidade e da igualdade entre homens e mulheres, são citadas por movimentos católicos[1] como instituições a serviço de uma espécie de complô contra a vida e contra a ordem familiar considerada natural – heterossexual, obviamente.

Na visão desses setores da Igreja, o reconhecimento da pluralidade dos sujeitos e das identidades sexual e de gênero, bem como das famílias homoafetivas, e mesmo a legitimidade e o avanço dos direitos humanos, principalmente das mulheres e dos grupos LGBTQIA+, constituem uma ameaça ao cristianismo. A perspectiva não patriarcal trazida pelos movimentos a favor da pluralidade implicou mudanças sociais e culturais tão importantes que despertaram, mais uma vez na história humana, o retorno da narrativa judaico-cristã como centro do universo.

Aos psicodramatistas cabe a difícil e apaixonante tarefa – política, por que não? – de viabilizar narrativas outras, que acolham a diversidade como condição humana e os corpos como potência de transformação social. Uma prática psicodramática comprometida eticamente com tal transformação talvez seja, no momento, por si só transgressora.

PORVIR

Baby, eu já cansei de me esconder
Entre olhares, sussurros com você.
Somos dois homens e nada mais.
Johnny Hooker

Os altos índices de violência contra a população LGBTQIA+ no Brasil, especialmente, decorrem de formas de crueldade legitimadas por narrativas e concepções que não admitem a transformação do ser humano. Exterminar corpos dissidentes, eliminar rastros de diferenças, enquadrar

[1] Associação Nacional Pró-Vida e Pró-Família da Igreja Católica.

sujeitos como anormais são estratégias de poder corriqueiras, que vêm se ampliando na conjuntura de uma sociedade cada vez mais autoritária.

O psicodrama dispõe de grande potência em sua história, em sua teoria e em sua metodologia para enfrentar desafios ético-políticos importantes, mas é preciso intensificar a argumentação e a problematização em favor de quem sofre violência simplesmente por existir de outra maneira, em novos modos de ser, em corpos que não se sujeitam, em papéis que se negam a cumprir com expectativas sociais enrijecidas. Somente assim o propósito de favorecer a experiência da espontaneidade criadora humana poderá ser contemplado.

REFERÊNCIAS

Foucault, M. *Os anormais*. 4. ed. São Paulo: Martins Fontes, 2014a.

______. *Microfísica do poder*. 28. ed. Rio de Janeiro: Paz e Terra, 2014b.

Marineau, R. F. "A integração da herança de Moreno". *Revista Brasileira de Psicodrama*, São Paulo, v. 21, n. 1, 2013, p. 113-25.

Merengué, D. *Por uma vida mais plena: uma contribuição filosófica para a clínica psicodramática contemporânea*. Texto não publicado, s.d.

______. "Poderes, papéis e gêneros". In: Motta, J. M. C.; Alves, L. F. (orgs.). *Psicodrama, ciência e arte*. São Paulo: Ágora, 2011.

Moreno, J. L. "Ativismo e especulação: nazismo, comunismo e existencialismo". In: *Jacob Levy Moreno – Autobiografia*. São Paulo: Ágora, 2014.

Romão, L. *Sangria*. São Paulo: Selo do Burro, 2017.

Vieira, E. "O psicodrama e a pós-modernidade: espontaneidade como via de resistência aos poderes vigentes". *Revista Brasileira de Psicodrama*, São Paulo, v. 25, n. 1, 2017, p. 59-67.

FONTES CONSULTADAS

Furlani, J. "Ideologia de gênero – Quem criou, por que e para quê". *Papo de Corujas*. 2016. Disponível em: www.youtube.com/watch?v=5ro1O10l0v8. Acesso em: 6 jan. 2020.

JuPat. "Toda mulher nasce chovendo". 2018. Disponível em: https://www.youtube.com/watch?v=HwcCpMPOLdc&list=PLAx5pTG6a_jFbXk1ML8gJAwJ7c469kQJl. Acesso em: 12 dez. 2019.

10. O psicodrama e a política de institucionalização de verdades

Luiz Contro

já fui muitos e serei tantos
hoje busco ser nordestino
com pele que resiste
frente às agruras
que a vida insiste
a norteá-las como destino

O título deste livro permite sinalizações entre psicodrama e política em diversos sentidos. Deixa em aberto inúmeras conjunções, articulações, diferenciações, a depender do ângulo pelo qual se explorem as relações entre o método de intervenção e a arte de negociação e governança sobre diferentes interesses – uma das definições do que entendo por política. Pretendo, neste capítulo, explorar algumas dessas vertentes. Não espere o leitor, portanto, encontrar um texto fruto de anos de pesquisa, e sim as resultantes primeiras de meu contato com o tema, permeado por curiosidade e necessidade de reflexão.

Numa localização temporária, compreendo que o contexto social tem se mostrado peculiar nestes nossos tempos. Um olhar mais panorâmico, contudo, demonstra fatos constituintes de um processo, com idas e vindas, que se reproduz em muitas etapas de nossa história. Façamos uma incursão para esboçar um possível cartograma dessa conjuntura. Ela nos trará parâmetros para as interlocuções pretendidas entre as duas searas.

SOBRE A INSTITUCIONALIZAÇÃO DE VERDADES

Os posicionamentos e opiniões tachados como verdades únicas têm reverberado fortemente. Constata-se que afirmações vêm sendo proferidas quase com atributos de lei. Como essa não é uma postura exclusiva da contemporaneidade, podemos conceber tratar-se de produto de nosso grande dilema existencial.

Numa perspectiva nietzschiana, a partir do instante em que o ser humano passou a ter consciência da morte – um episódio que se tornou sua ferida trágica (Mosé, 2018, p. 55-6), tamanho o impacto –, originaram-se de sua parte ao menos dois tipos de manifestações distintas e opostas: de um lado, aquelas oriundas de forças ativas, levando a uma afirmação e expansão da vida, concebida como momento singular digno de ser desfrutado, propício às invenções e aos riscos; e, de outro, as induzidas por forças reativas, que resultam numa rejeição da vida, por tomá-la como peso decorrente do medo diante do fim inevitável. É claro que devemos levar em conta uma zona intermediária de diferenças de tons entre uma e outra postura, mas para efeitos didáticos consideremos as extremidades.

Para referir-se às respostas de retração, adaptação, repressão, castidade e afins, ocasionadas pela subestimação da vida, como reação ao medo da morte, Nietzsche usa a tipologia dos sacerdotes, tomando como base o platonismo (cisão do mundo entre físico e metafísico) e o que ele chamava de um "platonismo para o povo", o cristianismo. Ou seja, deparando com as dificuldades de encarar a vida de forma mais realista, o homem torna-se rancoroso e ressentido, abdicando de vivê-la na plenitude e idealizando um mundo outro. Esse seria o processo de construção do ideal ascético (Nietzsche, 2009, p. 102): o estabelecimento de um lugar metafísico no qual contradições e dores não estariam mais presentes. Sublimação do sofrimento[1]. E, nessa trajetória, a necessidade de registrar leis doutrinárias a trazer conforto, regulamentar, estipular, estabelecer verdades: "A verdade foi entronizada como Ser, como Deus" (*Ibidem*, p. 131). Essa seria uma de suas críticas à modernidade: "Deus está morto", porque em seu lugar colocamos a ciência, a razão. Por meio delas, o homem se outorga o discurso da única verdade. O que está em voga, entretanto, é o mesmo desejo de abraçar o absoluto.

[1] "Sublimação" é mais um termo que Nietzsche e outros já usavam, assim como "inconsciente", antes de Freud.

Atualizando essa noção de ideal ascético ao aproximá-la de nossa época mais recente, podemos dizer que o descrédito da política e dos políticos é uma das frustrações e angústias do cotidiano que têm levado à crença no religioso, resultando em fundamentalismos. Os novos crentes concebem e incorporam novas doutrinas inquestionáveis que proporcionam segurança e dão sentido à vida. Elas simplificam, acomodam, confortam. Assim, não há a necessidade de lidar com contradições, análises complexas, titubeios e as exigências que trazem. As crenças já se bastam como a única e grande resposta. Por sua vez, o poder político pode se apropriar das crenças e explorá-las, usando-as para sua afirmação de verdade, vendendo-as como tal. Em momentos de fragilidade e desesperança, compra-se qualquer coisa.

Reação mais negativa diante do dilema humano da morte, o ideal ascético descrito por Nietzsche tem como consequente endurecimento a pregação de valores que se pretendem eternos, divinos e únicos. Tal reação talvez se encontre também potencializada em nossos tempos recentes, transfigurada numa oposição a movimentos questionadores das ordens estabelecidas e afirmadores da vida, levados adiante por negros, LGBTQIA+, sem-teto, refugiados, mulheres e simpatizantes dessas causas, entre outros:

> O Estado, diz Nietzsche, está sempre interessado na formação de cidadãos obedientes e tem, portanto, tendência a impedir o desenvolvimento da cultura livre, tornando-a estática e estereotipada. Ao contrário disso, o Estado deveria ser apenas um meio para a realização da cultura e para fazer nascer o além-do-homem[2]. (Rubens Rodrigues Torres Filho, *in* Nietzsche, 1983, p. xvi)

Ao mesmo tempo, a reverberação autoritária pode ser compreendida como um "não" perante a visão de mundo mais plural, faceta que a globalização permitiu: quando o ser humano sai da caverna, vislumbra horizontes que antes nem sabia existir. Daí que outras possibilidades de

[2] "O homem é uma corda estendida entre o animal e o além-homem" (Nietzsche, 2014, p. 17).

ser e viver relativizam normas institucionalizadas, codificadas e tornadas comuns em função de sua constante reiteração. Por isso mesmo, o novo incomoda, desarranja, ameaça o naturalizado, que, por sua vez, mobiliza forças a favor de sua manutenção, do tomado como inequívoco.

Essa prontidão, por vezes até involuntária, contra mudanças tidas como ameaçadoras tende a ser mais intensa naqueles que se sentem mais frágeis, fazendo que se agarrem incondicionalmente às certezas inquestionáveis. Daí a rigidez de um terrorista, de nacionalismos ferrenhos, da crença na defesa de uma raça pura, da fixação de duas únicas identidades de gênero, da força do macho como poder que submete, entre outras tantas. O medo da invasão do diferente e daqueles que demonstram impulsos geradores de vitalidade gera conservadorismos. O estado de alerta diante de um outro que pode me desestabilizar e me levar ao inseguro e desconhecido. Medo.

Nesse estado, quando alguém aparece como novo sacerdote, sendo porta-voz do que também tememos e ao mesmo tempo legitimando em seu discurso os ataques às forças sentidas como usurpadoras, ele nos coopta por meio de idealização e simbiose. Constituímo-nos então como rebanho. O novo messias nos representa e nos defenderá como nosso pastor. Está estabelecido o vínculo de dependência e subordinação, quase como única e última esperança de salvação. Esperança que, portanto, existe em função do temor. Domínio pelo medo ao se criar normas rígidas de conduta e doação, ao se configurar um inimigo externo para podermos combatê-lo juntos: pode ser o capitalismo, o comunismo, o sistema, a imprensa, os artistas, o banco ou o que quer que seja que se posicione de maneira diferente do que se incutiu como verdade. Gesta-se um ideal de doença política a fim de combatê-la. Um pensamento uniforme para adestramento.

Nesse caso do surgimento de um novo sacerdote – já num exercício de uso do psicodrama como ferramenta que pode oferecer algum tipo de leitura sobre a política –, estamos considerando uma das dimensões simbólicas do poder. Numa eleição, a escolha de um representante emergente não passa apenas pelo crivo da razão, mas também, e talvez muito, por critérios ligados ao fluxo das emoções. E nós as projetamos no governante para que realize nossos sonhos e objetivos. Ele, portanto, além de ser sua própria pessoa, figurativamente é um personagem protagônico enquanto der voz ao menos a um grupo significativo. Para manter-se representativo, é preciso estar em consonância com o imaginário de seu tempo e, estrategicamente, retroalimentá-lo.

Nessa composição de forças que constituem a cooptação simbólica de idealização, habitam sofrimentos desagregadores: o medo que leva à rigidez, que induz à subordinação e à idealização, que expressa o ataque como defesa, o qual, por sua vez, alimenta o temor, num círculo vicioso. Dinâmica essa que permeia a institucionalização de verdades, em nome da garantia do estabelecimento de leis e ordens que venham estancar o surgimento do inusitado e da proliferação da vontade de viver essa vida como ela é. Esta última é a postura que leva ao *amor fati*, amor pela vida, retomando aqui o segundo posicionamento vislumbrado por Nietzsche, aquele mobilizado pelas forças ativas quando deparamos com o dilema da morte.

Ao mesmo tempo que se pode ler o contexto social recente como oriundo e simultaneamente produtor de forças ressentidas e autoritárias, encontro em Umberto Eco (2018) argumentos que reforçam a noção de que não se trata de episódio pontual e específico de nossos tempos. É eterno e, como diz a canção de Caetano Veloso, "é preciso estar atento e forte, não temos tempo de temer a morte". Entre diversas características desse obscurantismo recorrente no qual mergulhamos, destaco sinteticamente algumas identificadas por Eco: "Não pode existir avanço do saber", pois "a verdade já foi anunciada" (*Ibidem*, p. 45); "A cultura é suspeita na medida em que é identificada com atitudes críticas" (p. 48); "O desacordo é traição [...], um sinal de diversidade" (p. 49); "medo da diferença [...], racista por definição" (p. 50); "provém da frustração individual ou social" (p. 50); "nacionalismos [...], obsessão da conspiração [...], xenofobia" (p. 50-1); "desprezo pelos fracos [...], elitismo popular" (p. 53); " o líder [...] sabe também que sua força se baseia na debilidade das massas, tão fracas que têm necessidade e merecem um 'dominador'" (p. 53); "transfere sua vontade de poder para questões sexuais. Esta é a origem de seu machismo (que implica desdém pelas mulheres e uma condenação intolerante de hábitos sexuais não conformistas, da castidade à homossexualidade)" (p. 54-5); "Em nosso futuro, desenha-se um populismo qualitativo de TV ou internet, no qual a resposta emocional de um grupo selecionado de cidadãos pode ser apresentada e aceita como 'a voz do povo'" (p. 56-7); sente-se o cheiro do autoritarismo "cada vez que um político põe em dúvida a legitimidade do Parlamento por não representar mais a 'voz do povo'" (p. 58). Qualquer semelhança com a época atual não é mera coincidência.

Creio que um panorama, sempre incompleto, está dado. Como o psicodrama é também integrante desse tecido social, cabe perguntarmos se essas forças o perpassam igualmente. Ou seja, o psicodrama estaria a serviço da manutenção da ordem que se estabelece como única e do interesse de quem a pronuncia?

PSICODRAMA SEM CRÍTICA?

Já explorei esse tema em outra ocasião (Contro, 2011), mas retomo brevemente porque nos servirá. A concepção desse instrumental como alienante tomou corpo numa afirmação de René Lourau. Principal sistematizador da análise institucional (AI), Lourau (1995) escreveu que o psicodrama era parte de um tipo de psicossociologia presente nos Estados Unidos no começo do século XX. Como tal, seria superficial por se limitar a aspectos internos de um grupo, não abarcando atravessamentos institucionais e sociais que necessariamente o constituem. Procurando teorias que fundamentassem o trabalho grupal proposto pela AI, ele tentou conhecer o psicodrama com base no inconsistente e inapropriado texto "Um novo curandeiro: J. L. Moreno", escrito pelo psicanalista J. B. Pontalis, também francês, em obra de 1954[3].

Avalio que, em minha referida publicação, essas afirmações foram investigadas e contextualizadas, para então ser rebatidas frase por frase com argumentos teóricos e práticos. Isso ocasionou o postulado de que o psicodrama, na verdade, se localiza potencialmente como psicossociologia crítica, questionadora dos valores e normas instituídos. Entre

3 Esse capítulo de livro de Pontalis teve algumas edições. Estou me embasando aqui na edição de 1972, como consta nas referências bibliográficas.

as diversas concepções que me serviram na contra-argumentação, está a constatação de que os contextos dramático, grupal e social são repletos de poros que permitem passagens. Ou seja, a realidade suplementar estruturada no contexto dramático é rica maneira de se condensar não só passado, presente e futuro mas temas pertinentes aos diferentes tipos de contexto. Isso facilita tanto a intervenção nos conflitos que se deseja pesquisar como a propagação das descobertas e encaminhamentos para as cercanias dos grupos, das equipes, das instituições e do contexto social. Fiz até a oferta de que considerássemos o delineamento de um contexto institucional, entre o grupal e o social.

Óbvio que, como qualquer instrumento, o psicodrama não está imune a variações no uso que dele se faz. Como potente método, pode servir para que se liberte ou para que se oprima. O que essa observação coloca em pauta é, porém, o caráter de seu manuseio, e não o suposto viés alienante que o constituiria como propósito.

Portanto, se o psicodrama, dependendo da forma como dele nos utilizamos, se candidata como instrumento a viabilizar críticas libertadoras, a construir uma realidade suplementar que traga ingredientes inusitados e pulsantes a um contexto grupal, institucional e social, o que se contrapõe a esse panorama de forte institucionalização de verdades?

PSICODRAMA, PERSPECTIVISMO E HETERONÍMIA: O ARTÍSTICO, OS PERSONAGENS

Assim como há entendimentos e usos distintos da teoria e da prática política, o mesmo se dá com o psicodrama. Aquele que penso e faço tem estado permeado por contribuições de Fernando Pessoa (1888-1935) e Friedrich Nietzsche (1844-1900) (Contro, 2018a; 2018b). Não à toa, entre paralelos, distanciamentos e aproximações, o poeta e o filósofo trazem em comum o que Nietzsche caracterizou como "perspectivismo" e que Pessoa muito desenvolveu sob o termo "heteronímia", mesmo não sendo seu criador.

Nietzsche, no todo de sua obra, mas mais especificamente em *A genealogia da moral*, chama-nos a atenção para que cuidemos de avaliar os valores que regem nossa vida. De onde vieram? Como e por que ganharam legitimidade ou foram rechaçados? Esse "filósofo da suspeita" incita-nos a nos colocarmos em estado de contínuo questionamento, atentos e críticos, no intuito de não nos deixarmos conduzir a esmo como rebanho acéfalo, sob o risco de sermos guiados por escolhas alheias a nossos desejos e necessidades genuínos. Essa postura inquisidora e participativa, aliada à ideia de que o mundo é constituído por forças em constante relação, ocasionando um eterno processo de devir, formam lentes que ampliam o leque de perspectivas com as quais podemos interagir. Sua filosofia é um caleidoscópio que desloca concepções. Assim como o ser humano, a vida é plural, complexa, impossível de ser abarcada por uma vertente única. Há muitos lados para além do que os determinismos e as dicotomias pretendem incutir. Essas são, segundo o filósofo, apenas ilusões de aparência, uma vez que, como exemplo, saúde e doença são prolongamentos do mesmo fenômeno vida, não constituindo entidades em si. O que temos é uma diferença de gradação, e a doença é um desvio inerente à vida. Ou seja, não existiria o fato patológico em si, por si.

Nietzsche apresentou outro viés da modernidade em sua crítica ao dizer que ela valorizou demais a razão em detrimento do instinto, do impulso, do inconsciente[4]. A pretensão de uma suposta objetividade já era denunciada por ele ao não levar em conta as forças ativas e interpretativas, um conhecer perspectivo. Nossa dor emocional, como exemplo, muitas vezes não se refere a um fato, mas à interpretação que dele se faz.

Ressalto também a importância da arte no pensamento desse filósofo. Podemos ser criadores de valores. Esses não são eternos e

[4] Nietzsche (2007) personificou essa dualidade nas figuras de Apolo (razão) e Dioniso (instinto). No entanto, Colli (2008) observa que Apolo era deus da música e se manifestava por uma sacerdotisa no Oráculo de Delfos. Ou seja, Apolo não era somente regido pela razão. Essa não dicotomia distintiva, na realidade, é mais coerente com a multiplicidade de forças que compõem o mundo, princípio caro ao pensamento nietzschiano. O filósofo, por mais que defendesse essa posição, se entregou a algumas possíveis contradições, como essa. Humano, demasiado humano. De outro lado, há autores que endossam não a polarização, mas uma diferenciação constitutiva entre esses deuses e o que eles representam (Ribeiro, 2011).

verdadeiros, mas humanos. A arte viabiliza perspectivismos, dá acesso ao inconsciente, é a forma mais capaz de expressar a vontade de potência, esse feixe de forças ativas que nos constitui e nos impulsiona para a vida. O artístico permitiria, ainda, avaliar. Os fenômenos, parciais e dispersos, carecem de sentidos dados pela interpretação. A avaliação faz-se necessária para estipular o valor hierárquico dos sentidos obtidos, sem que se desconsidere a pluralidade: "O intérprete seria uma espécie de fisiologista e de médico, aquele que considera os fenômenos como sintomas e fala por aforismos; o avaliador seria o artista que considera e cria perspectivas, falando pelo poema" (Torres Filho, *in* Nietzsche, 1983, p. xi). Portanto, Nietzsche, num misto de médico e artista, não toma o caminho da busca do conhecimento verdadeiro idealizado.

Já Pessoa (2012) mantém e desenvolve, de modo precioso, uma tendência relativamente comum às crianças – a de imaginar personagens que dizem coisas por elas. Assim, incorpora a heteronímia como método de produção literária. Tal como o perspectivismo nietzschiano, Pessoa explora e dá impulso à pluralidade do sujeito. Álvaro de Campos, Ricardo Reis, Alberto Caeiro e o próprio Pessoa, entre outras dezenas de heterônimos (etimologicamente significando "outro nome", diferenciando-se de pseudônimo ou nome falso), compõem seus muitos lados, seus diferentes estilos e visões de mundo.

O poeta fala do sonho como resistência e, ao mesmo tempo, instrumento para lidar com a complexidade que o mundo moderno trouxe. Se o mundo pré-moderno era simples, bastando sonhar para que se estabelecessem metas a serem perseguidas, a complexidade da democracia, como um dos ingredientes da modernidade (mesmo não tendo nela surgido), pede o sonho como criação para que se vislumbrem diferentes possibilidades. Valoriza-se uma realidade que venha a suplementar a já existente, tantas vezes limitada e opressora.

Pelo fato de Pessoa ter lido e comentado sobre Nietzsche, alguns autores discutem a influência do filósofo sobre o poeta (Ryan, Faustino e Cardiello, 2016). Ribeiro (2010) discorre sobre a possibilidade de o perspectivismo ter gerado ou influenciado a heteronímia. Esse meu comentário tem o intuito de reforçar a relação de similaridade entre ambos, no aspecto que neste texto nos interessa: o ser humano, a vida, o mundo são pluridimensionais; portanto, quaisquer leitura e compreensão que deles se tente fazer que não levem em conta essa dimensão estão fadadas à incompletude, à superficialidade, por vezes tão perniciosa.

Por sua vez e a meu ver, o psicodrama dialoga com as noções de perspectivismo e heteronímia. O método, o filósofo e o poeta encontram formas de expressar a diversidade que abraçam. Dentre elas e em comum, destaco aqui a criação de personagens.

O perspectivismo está localizado como noção filosófica. Daí que os personagens criados por Nietzsche, principalmente em *Assim falava Zaratustra*, são personagens conceituais, tipologias usadas para representar concepções. Em Pessoa, a heteronímia se constitui como estratégia, como procedimento artístico literário. Seus personagens autores são reconhecidos efetivamente como heterônimos quando escrevem num estilo próprio e diferenciado dos demais.

O psicodrama, balizando-me por Nietzsche e Pessoa, se vê mais livre para dar vazão a todo tipo de personagem. O método estará em função do indivíduo, grupo, instituição ou comunidade, e não o contrário. Posto de outro modo, serão aqueles que dele se utilizam que ocuparão o palco de acordo com suas necessidades. Tantos quantos a diversidade humana conceber.

Esmiucemos um pouco mais sobre o que o fato de criarmos personagens pode nos agregar.

EXPERIMENTAR "OUTRAR-SE" É CRIAR E RECRIAR E VIVER

> Viver é ser outro. Nem sentir é possível se hoje se sente como ontem se sentiu: sentir hoje o mesmo que ontem não é sentir – é lembrar hoje o que se sentiu ontem, ser hoje o cadáver vivo do que ontem foi a vida perdida.
>
> Apagar tudo do quadro de um dia para o outro, ser novo com cada nova madrugada, numa revirgindade perpétua da emoção [...]. (Pessoa, 2011, p. 125-6)

Esse trecho escrito pelo semi-heterônimo Bernardo Soares, num de seus prováveis ângulos de leitura, aponta na direção do criar-se e recriar-se. Assim como a postulação nietzschiana do homem como constante devir, trata-se de argumento contra a noção de sujeito como essência. Mais que isso, "viver é ser outro" nos instiga a pensar que "ser o mesmo", constantemente, é colocar-se no cerne da repetição, da reprodução do que está estabelecido, mais do mesmo. A vida pulsa na possibilidade de "outrar-se". Não ser mais do mesmo seria possível ao se criar um outro. Não à toa, a ideia de criatividade, tanto em Nietzsche quanto em Pessoa, é recorrentemente retratada por imagens da fertilidade feminina, como gravidez, dar à luz, gestação (Molder, 2016).

Cabe observar que a proposição de "ser um outro" poderia encontrar premissa oposta na crítica do próprio Nietzsche ao ideal ascético, à ilusão de uma metafísica que nos afastaria de enfrentar a realidade, como vimos. Isso porque "ser um outro" teria diferente significado: esse "outro" seria e estaria num lugar para onde minha esperança, prima-irmã do temor, aponta. Seríamos outro num mundo além porque não conseguiríamos erigir uma vida satisfatória no presente nem desfrutar dela. O paraíso, o futuro, o outro que seríamos, seriam imagens fictícias de refúgio construídas em função de nossa constatação e nosso temor pelo fato de que a vida atual nunca nos completa totalmente: "e algum pobre e vadio moralista vem e diz: 'Não! O ser humano deveria ser outro'" (Nietzsche, 2017, p. 30).

Diante do que estamos discutindo aqui, o embate nietzschiano com o ideal ascético ganha aliado numa provocação irônica, subtítulo de sua autobiografia, *Ecce homo ou como alguém se torna o que é*. Num primeiro momento, poderíamos supor que a frase denota postura essencialista: preciso retirar as vestes – em seus múltiplos sentidos – para me tornar a essência que realmente sou. Mas a provocação irônica se revela como tal ao se conhecer o todo de sua obra e seus temas fundamentais. *Ecce homo*, ou "eis o homem", do latim, é a expressão utilizada por Pôncio Pilatos para apresentar à multidão o Cristo a ser julgado. O sentido seria "esse é o homem", de carne e osso, e não aquele que se diz filho de Deus. Leitura essa, aliás, muito similar ao que encontramos no trecho VIII do poema "O guardador de rebanhos", do heterônimo pessoano Alberto Caeiro (Pessoa, 1975), do qual reproduzo aqui apenas a primeira e a última estrofe:

> Num meio-dia de fim de primavera
> Tive um sonho como uma fotografia.
> Vi Jesus Cristo descer à terra.
> Veio pela encosta de um monte
> Tornado outra vez menino,
> A correr e a rolar-se pela erva
> E a arrancar flores para as deitar fora
> E a rir de modo a ouvir-se de longe.
> [...]
> Essa é a história do meu Menino Jesus.
> Por que razão que se perceba
> Não há de ser ela mais verdadeira
> Que tudo quanto os filósofos pensam
> E tudo quanto as religiões ensinam?

Retornando a Nietzsche, tomar Jesus como homem, e a si mesmo, pois se trata do título de sua autobiografia, é uma forma de expressar mais uma vez seu posicionamento contrário ao ideal ascético. O subtítulo "como alguém se torna o que se é" (frase do poeta grego Píndaro) ganha, então, a conotação de "como alguém se torna terreno", corpo, humano, com suas contradições entre forças e fraquezas, bem e mal. Enfim, estamos falando de sua visão de homem trágico, influência que teve dos gregos pré-socráticos, fontes tão significativas de sua obra.

Por isso, ainda dentro da ideia de sermos coerentes com suas teses centrais, "tornar-se aquilo que se é" é ser humano, terreno. E, como tal, trágico, porque múltiplo, plural em suas diferentes forças, muitas vezes opositoras e divergentes, corroborando a noção que estamos seguindo da criação de personagens como representantes desses lados todos que nos habitam.

Outra citação nietzschiana endossa essa compreensão. Nela, o filósofo afirma que a natureza não pode, "ao ser avaliada artisticamente", ser um modelo, pois "ela exagera, distorce, deixa lacunas. [...] *Ver aquilo que é* – isso é próprio de um outro gênero de espíritos, os *antiartísticos*, os factuais" (2017, p. 53-4, grifos de Nietzsche). Se assim o é em relação à natureza, o que dizer em relação ao ser humano?

A postulação pessoana mira a potencialização da vida, como também propõe Nietzsche. Está em consonância com as forças ativas, e não com as reativas como aquelas que propugnam o ideal ascético criticado pelo filósofo. Além disso, o perspectivismo é uma forma de "descentramento" do eu (Giacoia, 2016). Nietzsche diria que usamos máscaras torneadas por morais que entranhamos, mas que, por baixo delas, existiriam os rostos plurais, despersonalizados em diversas perspectivas. Ou seja, a vida que a experiência de "ser um outro" (ou, melhor dizendo, ser outros) proporciona encontra respaldo e é, ademais, buscada tanto pelo poeta quanto pelo filósofo, afirmadores incondicionais da existência. Existência que encontra veículo de viabilização na arte. Mais que isso, a vida tem sentido e se justifica quando criativa, como obra de arte, no entendimento de ambos.

Assim, se, ao criar um outro, na inspiração filosófica nietzschiana, nos conduzimos ao espírito livre, ao para além do ser humano, ao para além do bem e do mal, e se o "outrar-se" na literatura pessoana é o lugar onde se vive, onde é possível navegar (porque preciso) pelos mistérios do um em muitos e dos muitos em um, na metodologia psicodramática o ato de construir e experimentar personagens tem os mesmos desideratos. Os outros que nos permitimos ser, os personagens do palco da realidade suplementar, são construídos (ou ao menos creio que seria melhor se assim fossem) em função dessa mesma noção de que ser humano e mundo são complexos por natureza. Todo reducionismo simplista será sempre limitante por não abarcar a multifacetada vida que nos compõe.

Quando criamos e vivenciamos um personagem, é como se fizéssemos uma viagem com a função de angariar experiência e consciência quanto a valores estabelecidos e/ou cocriados que aprisionam ou conflitam a vida, as relações. Por isso mesmo, sempre que se volta, existe a possibilidade de vislumbrar encaminhamentos transformadores. Criar e ser outro é despersonalizar-se para, em seguida, aglutinar-se em novo arranjo, por vezes de modo catártico, por vezes de modo sutil. Inusitado reagrupamento em nova relação de forças, outra perspectiva, por meio de nossos heterônimos.

Desse modo, é justamente por entender que o método psicodramático tem condições de abarcar as multifaces que neste momento tenho mantido interlocução com esses autores. Na zona de justaposição entre a heteronímia, o perspectivismo e o psicodrama, comungam-se, como vimos, a arte e a visão trágica de vida, ser humano e mundo. Vejamos então como isso pode dialogar com a política.

O TRÁGICO: PONTO DE INTERSECÇÃO ENTRE PSICODRAMA E POLÍTICA

O psicodrama se insere no terreno do trágico; não o trágico como gênero literário, mas como o reconhecimento da existência de forças simultâneas e contraditórias no ser humano e em sua existência, ao lidar com fluxos que muitas vezes entram em conflito. Pois é justamente nesse imbricamento sinalizado pela contraposição entre os diferentes desejos e necessidades que o psicodrama e a política ganham zona de intersecção.

Um olhar menos atento poderia gerar a ideia de que o psicodrama, como método, serve para explorar conflitos com teor mais restrito, enquanto a política se põe a serviço da pesquisa e do encaminhamento de confrontos de maior amplitude. No entanto, o método psicodramático tem a pretensão de abraçar contraposições onde se evidenciem seu cunho tanto individual quanto coletivo, simultaneamente, conforme descrito no início desse capítulo. Daí a beleza, muitas vezes, de relatos em que o tema era percebido apenas em sua face privada, mas cujas vertentes públicas ou coletivas foram se revelando com o decorrer do trabalho. O mesmo ocorre no sentido inverso. É por isso que certos autores, entre os quais me incluo, postulam ser o objeto de estudo da ciência e arte psicodramática justamente a confluência entre o individual e o coletivo, tomados como interfaces de um mesmo fenômeno.

Por sua vez, a política, tomada como arte de gerenciar fluxos de forças divergentes, pode também iluminar a "microfísica do poder", como desenvolveu Foucault, sem que abandone a perspectiva social. Digo isso para reafirmar existir, também na política, a múltipla dimensão dos acontecimentos, suas muitas perspectivas e valores divergentes. *Sendo assim, essa concepção trágica de mundo se contrapõe à linear, unívoca e unidimensional, verdade única que se tenta institucionalizar em diversas épocas e reeditada na atual.*

CONSIDERAÇÕES FINAIS: ANTÍDOTOS CONTRA "TODA UNANIMIDADE É BURRA"

Precisamos de antídotos contra o que se afigura como uma neurose moderna: a incapacidade de compreender os antagonismos, de lidar com os opostos e complementares. Só existe bom se existe seu oposto, só existe alegria em contraste com a tristeza, só existe protagonista se houver antagonista. Parece que estabelecemos certo tipo de ideal: do conforto, do bem-estar, do poder de consumo, de não sofrer. Daí o espaço para todo tipo de narcóticos. Há pouco ou nenhum espaço para a contradição, para se manter teso o arco da paixão, do bom conflito, do trágico.

Uma das mais célebres frases de Nelson Rodrigues ("Toda unanimidade é burra") anda mais atual que nunca. O engessamento de posições que se pretendem verdades indiscutíveis requer forças em contrário, em nome de uma vida mais plena, porque complexa. O psicodrama, além de ser constituído desde seu estado embrionário pelo trágico, por ter se originado fortemente do teatro e este, por sua vez, dessa concepção de mundo dos gregos, pode servir como um desses fluxos em contraposição. Potencializado pelo perspectivismo e pela heteronímia, possibilita sermos outros e, com isso, darmos vazão a forças ativas, considerarmos o enfrentamento e não a fuga, a criticidade e não o senso de rebanho. Pôr-se no lugar do outro ou ser um outro possibilita quebrar as dicotomias das dinâmicas polarizadas, nas quais, como exemplo, o dominado amplia seu campo de compreensão ao perceber-se também como dominador.

Falo então de um psicodrama da insubordinação, que cria brechas e pode fissurar ultraconservadorismos à direita e à esquerda. As forças apenas reativas levam ao ressentimento que conduz à rigidez, à institucionalização de verdades inequívocas. A força ativa é provocadora de vida, do criativo, da riqueza da pluralidade, lugares com os quais esse psicodrama se identifica.

Por sua vez, a política, como expressão dos desejos em conflito, território da confluência e do embate de forças, como representação dos diferentes interesses em jogo, não é um campo onde subsiste a soberba da pura objetividade. Assim também o é a vida, o ser humano. Aqui também o psicodrama se oferece como instrumento, uma vez que se faz, justamente, na implantação de uma realidade que pode suplementar a de nosso cotidiano, inoculando doses de experimentação e novos ângulos, estimulando o estado criativo, uma vez que o artístico que o permeia pode temperar a governança de interesses em choque. Na arte, a mentira, a vontade de ilusão, se santificam, diria Nietzsche. Em Pessoa, o poeta é um fingidor. No psicodrama, navegamos pela verdade poética. A arte corporifica o sonho também como viabilidade de uma intenção que valore criticamente as ações, resguardando-as dos autoritarismos. Opõe-se à decadência que tenta institucionalizar verdades. Concebe o sofrimento, a morte e o retrocesso como faces outras do renascimento e da alegria.

O desafio sempre presente é que os leitores de Nietzsche, de Pessoa, os artífices do psicodrama e da política se questionem sobre o estabelecimento de verdades que já podem trazer em seus próprios instrumentais. Nietzsche foi uma espécie de andarilho pensante. Pessoa pouco saiu de Lisboa, apesar da experiência marcante da infância e da adolescência em Durban, África do Sul. Mas tinha em si muitos personagens e todos os sonhos do mundo: "Para viajar, basta existir". Na fonte desses autores, psicodrama e política ganham movimento nômade, liberdade, tornam-se antídoto contra cooptações pelos códigos que rotulam.

Acredito no psicodrama no qual o ego ou o diretor intervém numa cena, depois de aquecida, não apenas para repetir o dito pelo protagonista mas para criar conjuntamente. Afinal, a cena é a representação de um protagonismo, resultante momentâneo de um embate de forças originário de um grupo ou uma comunidade. Posto de outro modo, a cena não é produto exclusivo do indivíduo que, naquele instante, encarna o personagem protagônico. Num trabalho de psicoterapia bipessoal, os personagens que estimulamos a emergir são vozes muitas vezes dissonantes e reveladoras de contradições e perspectivas. Ou seja, psicodrama e política, a meu ver, encontram conexão e se potencializam quando a criação é democrática e coletiva. Mesmo porque política e psicodrama só se fazem na relação com o outro, mesmo que interiorizado.

Não precisamos de muros, pois eles acentuam as dicotomias separatistas e incontornáveis. Além disso, podemos nos acomodar e ficar em cima do muro. Como disse Caetano Veloso, é bom que estejamos acima dos muros. Mas, se contribuirmos para que eles não se construam ou que percam tamanho e para possibilitar voz e visibilidade, será um tanto mais fácil transitarmos pela já difícil e inevitável vida estendida entre e para além dos polos da criação e destruição, alegria e sofrimento, bem e mal. Talvez precisemos ter mais anticorpos e resistência – e a democracia, sempre imperfeita e nunca totalmente realizada, não se aprimora sem isso – para podermos escalar entre a punição e a educação, o ressentimento repetitivo e a vontade de criar, a marcha dura de um pelotão de coturno e a dança fluida e leve de corpos descalços, o grito de ordem e o belo canto, entre as armas e as flores, entre nossa pretensa unanimidade e o trágico. Não existe o eterno e pleno descanso.

REFERÊNCIAS

COLLI, G. *Dopo Nietzsche*. 6. ed. Milão: Adelphi, 2008.

CONTRO, L. *Psicossociologia crítica: a intervenção psicodramática*. Curitiba: CRV, 2011.

______. "O psicodrama e o equilibrista: diálogos com a obra de Pessoa". *Psicodrama: Revista da Sociedade Portuguesa de Psicodrama*, Porto, n. 9, nov. 2018a.

______. "Conversas de um psicodramatista com Nietzsche". *Revista Brasileira de Psicodrama*, São Paulo, v. 26, n. 2, 2018b, p. 84-95.

ECO, U. *O fascismo eterno*. Rio de Janeiro: Record, 2018.

GIACOIA Jr., O. "Única é a condição do homem na linguagem". In: RYAN, B.; FAUSTINO, M.; CARDIELLO, A. (orgs.) *Nietzsche e Pessoa: ensaios*. Lisboa: Tinta da China, 2016.

LOURAU, R. *A análise institucional*. Petrópolis: Vozes, 1995.

MOLDER, M. F. "A diferença entre outrar-se e tornar-se naquilo que se é". In: RYAN, B.; FAUSTINO, M.; CARDIELLO, A. (orgs.) *Nietzsche e Pessoa: ensaios*. Lisboa: Tinta da China, 2016.

MOSÉ, V. "O poder e as redes". In: BARROS FILHO, C. *et al.* (orgs.). *Política: nós também não sabemos fazer*. Petrópolis: Vozes, 2018, p. 39-85.

NIETZSCHE, F. *Os pensadores*. 3. ed. São Paulo: Abril Cultural, 1983.

______. *A genealogia da moral*. São Paulo: Companhia das Letras, 2009.

______. *Assim falava Zaratustra*. 3. ed. Petrópolis: Vozes, 2014.

______. *Ecce homo ou como alguém se torna o que é*. São Paulo: Martin Claret, 2015.

______. *Crepúsculo dos ídolos*. São Paulo: Companhia de Bolso, 2017.

PESSOA, F. *Ficções do interlúdio, 1: poemas completos de Alberto Caeiro*. Rio de Janeiro: J. Aguilar, 1975.

______. *Livro do desassossego*. 3. ed. São Paulo: Companhia das Letras, 2011.

______. *Teoria da heteronímia*. Porto: Assírio & Alvim, 2012.

PONTALIS, J. B. "Um novo curandeiro: J. L. Moreno". In: *A psicanálise depois de Freud*. Petrópolis: Vozes, 1972.

RIBEIRO, N. "Heteronímia e perspectivismo: 'espaço literário' e multiplicidades de estilos nos pensamentos de Nietzsche e Pessoa". *Cadernos Nietzsche,* São Paulo, n. 26, 2010, p. 155-76. Disponível em: gen-grupodeestudosnietzsche.net/cadernosnietzsche/. Acesso em: 12 dez. 2019.

______. *Fernando Pessoa e Nietzsche: o pensamento da pluralidade*. Lisboa: Verbo, 2011.

RYAN, B.; FAUSTINO, M.; CARDIELLO, A. (orgs.). *Nietzsche e Pessoa: ensaios*. Lisboa: Tinta da China, 2016.

11. Do psicodrama aduaneiro às formas fúnebres: em defesa da clandestinidade psicodramática

Plínio Barbosa Bronzeri

...por onde ainda vive aquele que nasceu,
cresceu, morreu e reviveu subjacente?

UM MORTO ESTÁ SERVIDO À MESA; NÃO PODEMOS MAIS NEGAR...

A tragédia está posta. Um corpo sobre a mesa. Dois cúmplices da morte súbita, provavelmente por asfixia, decidem o que fazer com ele. Jamais jogariam o corpo fora. Nem deveriam. Mas, de forma meio esdrúxula, decidem maquiá-lo a todo instante, para lhe dar sobrevida. Condenável? A princípio, não.

Imaginem que tal cena possa nos acometer: querer por mais tempo algo que supostamente já deixou de pulsar; um corpo em que já não há fluidez, pulsão, a não ser pela vontade de perpetuar os acontecimentos vividos. Novos acontecimentos, porém, não estão mais nesse corpo em si, passaram a depender de outros seres para sua continuidade existencial.

Nessa hipótese, tal sobrevida mantém quase vivo algo que não diz mais de ações desse próprio corpo, mas de uma unidade apostólica; alçada em cenas fúnebres e destacada para remeter a erupção original, sem o que ainda possa engendrar novos acontecidos. Desse modo, que origem ainda se mantém em tal corpo?

Nas ações póstumas, ressurgem, a cada instante, as mais sombrias maquiagens, de distanciamento dos propósitos de tal corpo, talvez para que possa, a todo instante, remontar a cena viva, para não gerar um sepulcro. Precisaríamos ter a ousadia de reconhecer seu fim? Já é hora de admiti-lo? Essa manutenção da sobrevida seria capaz de abrir espaço para ressurgimentos, de trazer novidades, ou até mesmo salientar novas magias, para manter a memória viva de um corpo? Admitir seu fim não seria negar seu legado.

Tal corpo, mesmo que agora morto, nos permitiu modos de atuação e intervenção, e sua forma originária já não nos atesta como um fazer, mas como uma intenção, por alguns motivos que a seguir aprofundaremos. Abriu-se à alegria em terras sombrias. Nesse ponto, mobilizou tanta gratidão que também brota um pesar. Devemos seguir o corpo até o fim? É possível continuar com ele sem remeter apenas a ele essa continuidade? Então, o que podemos fazer disso, de seu legado? Podemos acabar com tão alto grau de alegria, trazida por ele em vida, ou nos fixar a uma imagem paralisada de seu expoente? A alegria permanece naquilo que perpetua, não apenas em sua lápide.

De tanto alegrar e de tanto viver, o que causou então a asfixia? Parece que tal pergunta não importa. Talvez possamos imaginar que seja algo que deixou de se atentar às formas livres do respiro. Asfixia-se por não haver frestas. Por não manter atos livres, de conexões mais diretas com o ar, apesar de pedidos expressos daquele corpo para não se prender a seu legado como uma obra fechada, e sim aberta e livre para novos ares, seguindo seu motivo de existir. Algo interrompeu e sufocou tal dispositivo. O que disso ainda nos é perene? Dar sobrevivência aos apreços nem sempre seria condenável; porém, o que ainda sobrevive ao se ater a saídas recorrentemente encobridoras de tal destreza?

Pronto, ponho tal análise e alegoria do corpo à mesa: imaginemos que esse corpo é a socionomia…

DO CORPO À GENEALOGIA SOCIONÔMICA

Para isso, retomemos uma genealogia poética socionômica, em que há um psicodrama-corpo que nasce no submundo e dele vive e respira até hoje. Essa tese torna-se fundamento para seguirmos.

Tal afirmativa talvez decorra de purismos ou de constrangimento dúplice, entre o que a socionomia foi e o que deveria ser, ou até mesmo o que se tornou. Pura virtualidade. Porém, seu caráter sempre clandestino – não como artigo de vergonha, ao contrário – é sua audácia afirmativa. Nisso, os trabalhos de J. L. Moreno com refugiados podem ter um corpo sensível de sua parte: a clandestinidade. Algo que sem o corpo, mesmo morto, ainda pulsa. Aliás, arrisco dizer que é por isso que há continuidade teórica, e não pelo contrário.

Entretanto, a institucionalização perene e particularista nos dirigiu a um fazer aduaneiro, alfandegário, que apenas dá a forma tradicionalista e territorialista psicodramática e ontológica de "papéis". Finge salvar-se da clandestinidade, mas não há salvação. Não é possível fugir de tal fundamento. Por isso, clandestinizar-se sempre que puder, mesmo que finja perpetuar-se no incansável refúgio do passado, de um tempo necessitado de retorno ao 1º de abril, é sua perpetuação. Hoje, não se vinga mais sem isso, ao menos do modo apoético, ao menos na dependência de si e do tempo. Morre-se em tudo, nas inovações psicodramáticas, em tudo que se transforma com o novo que advém. Entretanto, sobrevive-se apenas no submundo, sempre clandestinamente, e isso não é pouco.

A clandestinidade psicodramática é um fundamento. A parte visível motora de sua propulsão, dizível. Por esse motivo, o presente texto visa a essa defesa explícita: que o psicodrama nasceu e vingou por essa potência; por esse espaço que abriu tanto nas psicologias quanto nas sociologias. Tratá-lo de outro modo é apequená-lo. Sua prática multiplica sua práxis. Sua teoria incansavelmente se multiplica, pois a ele não pertencem propriamente os atos dramáticos. Desterritorializar o psicodrama é desprover-lhe propriedade, reconhecendo, assim, sua potência avidamente viva. O que morre são suas necessidades fatalistas de novas e incessantes conquistas naquilo que colonizou. Muito há, ainda, a se explorar na terra nômade psicodramática, sempre nova, incontrolavelmente despovoada, sempre... Porém, o que vinga é sua capacidade desterritorializada.

Psicodramatizar como ato tem relação com tal perspectiva, de fazer brotar em terras em que já se colheu por demais. Sua fertilidade permanece, porém em sua terra não demarcada, ou naquilo que a demarcação explodiu. A ocupação e a demarcação são, nessa perspectiva, por direito, e não por domínio; assim, sua ocupação estrutura-se por esse viés. Seu direito não é por propriedade. Não nos cabe alfandegar sempre; não nos cabe instituí-lo como perpetuação de papéis velhos e rasgados, cheirando a mofo, apenas para servir de cartório de imóveis. As patrulhas ideológicas e conservacionistas no psicodrama advogam um protecionismo, e não um legado.

ASSIM, DE TANTO USÁ-LO, VIRAMOS CLICHÊ. MAS E DAÍ?

Clichê vira mofo! Então, retomemos seu cheiro, para limparmos o que nos impede de propulsar no momento. Retomemos um clichê moreniano: todo processo criativo tem estados de aquecimento físico e mental. O pico máximo para um aquecimento capaz de gerar ideias criativas é o estado de espontaneidade. Quando queremos responder de forma criativa, precisamos estar aquecidos para tal. Imaginando que o resultado de um esforço seja o criativo.

Assim, com liberdade de ser bem clichê!

Essa explicação se opõe ao entendimento da espontaneidade como sinônimo do "sair fazendo", que o autor denomina espontaneísmo, como bloqueios no que diz respeito a aquecer-se, manter-se aquecido e desaquecer-se para determinada ação. Neste caso, a partícula "se", gramaticalmente classificada como pronome pessoal reflexivo, aproxima-nos da ideia de que o aquecimento é promovido pelo próprio sujeito e a ele se destinam suas consequências, no caso, os benefícios. Sendo assim, compreende-se que esse fenômeno necessita de uma ação própria do indivíduo para se aquecer para o ato criativo, demandando esforço, mas na ordem do aquecimento de determinado sujeito para determinada ação ou desaquecimento de determinada ação para aquecer a outra. Caso não consiga imediatamente sair de uma ação a outra, conceitua-se como não espontâneo. Assim, questionemos: o que da ação que não nos permite seguir à outra desconsideramos como elementar? Será que é o aquecimento que nos impede de agir no que deveríamos ou estamos a conceituar com ineficiência?

Tendo a criatividade como um despertar, uma descoberta, devemos sensibilizar o empenho para outros modos, exigindo-nos em uma iniciativa à criação, mas abdicando do corpo em seu estado instante? Convocá-lo a se engendrar, se conectar, se acoplar a outros conteúdos é menos opressivo e mais pulsante? O corpo participa do aquecimento para o estado de espontaneidade que ele próprio engendra? Os atos espontâneos não resistem à deformação, e sim se deixam atravessar por ela, sem apologia ao sofrer nem desconexão em relação às adversidades. As adversidades estão instituídas no psicodrama com agente irrelevante? Como ficam os agenciamentos nesse ponto?

Ampliar o que sabemos dos termos na compreensão da "espontaneidade" nos põe à frente um fenômeno condizente com práticas em ação, porém promotor de resiliência, e não de luta. Será que a resiliência é um conceito factual? Desse modo, colocamo-nos em uma encruzilhada: por um lado, a crítica simplista do fazer por impulso e sem sentido; do outro, aprisionamento no fazer por imposição, igualmente sem sentido. A questão não está em dosar um ou outro, mas em compreender no que estamos implicados, em qual relação – no caso, em qual defesa devemos ao corpo. Qual é o sentido de uma compreensão dialética e conflitual entre espontaneidade e espontaneísmo?

ESPONTANEIDADE E PROTAGONISMO COMO PRINCÍPIOS VITAIS

Introduzir o respeito ao conceito moreniano da espontaneidade é representativo. Não podemos negá-lo como ponto nevrálgico do psicodrama. Podemos partir disso e pensar novas fugas, capazes de estabelecer o que daí se possa manter ou abrir para explorar novos campos. Não se nega aqui que tal conceito tenha sua potencialidade. Porém, dizer que apenas se constrói com espontaneidade é bastante simplista.

Trabalhar cenicamente, por exemplo, nos faz enveredar por particularidades do real, em fuga, atualizando virtualidades. Passar a pensar a espontaneidade como princípio vital, como aqui se defende, nos leva a uma produção espontânea, vista como agente imanente ao devir. Deixaria claro que espontaneísta é a falácia do vigente. Mas nos falta algo nisso. Falar apenas em espontaneísmo, como dado em si, finge abrir portas; porém, ao contrário, subtrai-se a si na relação com as vicissitudes do real, pois este não é marcado como uma instância existente, consciente e descritível, e sim como efeito que se produz ao ato de vida. Ato de vida irrompe; por vezes, se produz deslocado. O espontaneísmo quer deslocar a tudo e todos, inclusive a vida, o tempo todo, ao se ver linearmente corrente e sem atrito. Prevê um mundo em si, perpetuador de duração descabida; essa é sua falácia. Mundo age no trombar de corpos.

O mundo a-deriva; se desdobra mediante a passagem do tempo, a cada movimento. Nesse caso, nos tornarmos protagonistas de nossas histórias é seguramente eufemístico. Protagonizar, pelo modo agente das formas de vida, nos estabelece como direito à terra e à vida, e não direito à narrativa.

A narrativa carrega elementos de suposições, pertinentes, porém, muitas vezes deslocados da agência ativa, paralisados reativamente. A desrazão imperante nos movimenta e nos desloca da forma passiva, condicional. A vida sempre habita ação – mesmo que o deslocamento seja demasiadamente maior que a imposição de si, feita com maior valência de força –, nas quais ainda permanece o direito à terra, o direito ao existir em movimento. Tanto a espontaneidade quanto a protagonização dizem de ocupação, territorializada ou não. Seja dos caminhos, seja dos descaminhos. Ocupar o espaço, o tempo e a terra é sempre clandestinar. Nisso o psicodrama tem sua maior potência. Tudo que nos resta do tempo é representação. Sobra do que se passou, em tempos viventes, vivendo as suturas do que ficou à margem. Marginalizado pela racionalização, pela história, pela territorialização de estado. O que se faz com a desrazão em tempos de morte? Já que nisso este texto se implica, como ao tempo cabem as formas fúnebres da desrazão imposta?

A VIDA NÃO É UM FENÔMENO ESTANQUE E RECORRENTE

Quando nos concentramos nos constructos, há uma parcela que passa a defender perigosamente um "esforço" e, assim, a nos destinar a suportar o incansável ou, até mesmo, ao insuportável controle do corpo. Um jogo de responsabilização pelo sucesso ou insucesso, ou, veladamente, pelo apreço valioso da proveitosa renúncia ao corpo e pelo acúmulo racional da informação, bem como sua reprodução. O conceito de espontaneidade passa por isso.

Em vez de debater uma concepção em que haja criação de pensamentos e ações, cerceia-se o agir por meio do atravessamento da ideologia do merecimento e/ou da "artificialização". Segundo a espontaneidade, caberá ao indivíduo adaptar-se ao peso sentencioso e beatificante da dedicação; afirma-se, mesmo que de forma sutil: "É necessário sofrer!" Mas será que é?

É sempre instigante contar compreensões atingidas após certa dedicação, árdua e dura como poderíamos caracterizar a espontaneidade na criatividade. Sim! Apreender muitas vezes demanda dedicação, variações de tempos de aquecimento e desaquecimento. Alguns filmes, por exemplo, retratam de maneira impecável esse posicionamento; aliás, muitas vezes promovem, propositadamente, uma vibração em nossos corpos, intensiva, ao vermos o protagonista recuperar sua potência vital e atuar de forma plenamente altiva em busca de sua realização. Por exemplo, quando apresentam um protagonista que, ao passar por uma situação trágica, converge incessantemente à "equipação" (tornando-se equipado), por horas a fio. Essas cenas energizantes nos fazem crer que o que permite o célebre desafio e conduz o sujeito ao final feliz e eletrizante da conquista é o esforço em si e de si. A conquista, aqui, torna-se recompensadora do esforço, do aniquilamento anterior do corpo, associando rapidamente conquista e esforço realizado. Obviamente, nesse ponto, contra tudo e contra todos (ou quase todos), a grande responsabilidade da continuidade da luta advém do sujeito em si (supostamente capacitado à perpetuação), que torna possível o feito.

No entanto, a transposição direta de tal prática nos leva a crer nos discursos naturalizantes, passando a justificar que a multidão conseguiria apreender as múltiplas formas indispensáveis e eficazes do sucesso (o sentido do sujeito eficiente). A ideia de disciplina-responsabilização na condição do sucesso, em que concentração e disciplina seriam necessárias para realizar suas atividades diariamente, não é novidade. Mas *por que um psicodrama clandestino, que visa à desformalização das formas e rejeita a ocupação como elemento de controle, precisa ater-se à desconstrução de tal conceito?*

Um exemplo disso é o que entendemos pelo conceito de aprendizagem. Um fenômeno não restritivo à educação, mas permanentemente em vida, por advir de nossos modos de experiência. O que entendemos por aprender? Parece ser certa condição de esforço e controle; menciona-se bastante a forma espontânea como a aquisição fluida de uma ação. Podemos pinçar o aprendizado modelado e adquirido como uma forma fluida de "clareza", que parece ser pertinente explorar.

Porém, como a aprendizagem não é um conceito consensual, tomemos como referência o filósofo francês Gilles Deleuze. Para o autor (1987, p. 22), "nunca [...] sabe[mos] como uma pessoa aprende", o que parece nos deslocar do que talvez supuséssemos saber sobre a questão. Nesse ponto, para ele, "aprender é, de início, considerar uma matéria, um objeto, um ser, como se emitissem signos a serem decifrados, interpretados" (*Ibidem*, p. 4) pelo apreendente. Nesse sentido, a aprendizagem se estenderia no movimento de provocar uma afecção (afetação) no indivíduo que vive uma experiência com quem supostamente ensina. Os signos a ser decifrados deslocam o que se origina na afecção e passam a designar, com o pensamento, um objeto como tal sendo deslocado. Assim, passamos a denominar algo sobre a matéria, por exemplo.

Mas, salienta o autor, não podemos confundir o significado de um signo com o ser ou o objeto com base no qual designamos o conceito. Afinal, "passamos ao largo dos mais belos encontros, nos esquivando dos imperativos que deles emanam" (Deleuze, *op. cit.*, p. 27). Em cada signo há duas metades: uma "designa um objeto", outra "significa alguma coisa diferente" do objeto em si. Ao tomarmos como único o caminho do objeto pelo signo designado, "sacrificamos o lado da 'verdade'", sobrepomos o signo ao objeto. Ao retornar o signo como constitutivo do objeto que ele designou, reconhecemo-lo em vez de continuar a conhecê-lo. Conhecer se efetua ao dar novos desígnios à matéria, produzindo-os. Isso nos dá um sinal bastante instigante: a espontaneidade habita na produção, e não na reprodução.

Em seguida, com desígnios formulados por partes e verdades traídas, passamos a identificar o que foi visto do primeiro objeto e a reconhecer um segundo com base no que se formulou no primeiro. Ao mesmo passo, cometemos outra sobreposição quando reconhecemos duas coisas como diferentes entre si, ao compararmos suas características. Imaginemos, por exemplo, duas árvores de tipos diferentes. As duas não são iguais. A segunda não tem as mesmas características que a primeira. Porém, ao dizermos que a segunda não é igual à primeira, e que é diferente por não ser como a primeira, vemos a segunda pela ausência das características que são próprias da primeira. Pelo negativo, pela ausência, e não por aquilo que se afirma dela. Nesse caso, não diferenciamos a segunda por características dela, mas pelo que é próprio da outra. O aspecto que designa a segunda são as características que não lhe imputam, o reconhecimento negativo de suas caracterizações. Assim, "reconhecemos as coisas sem jamais as conhecermos" (*Ibidem*, p. 27).

Do ponto de vista do aprender, é possível saber quando reproduzimos ações e gestos, mas não o quê, quando ou como, em seus processos afirmativos. Ao identificarmos que determinado sujeito não aprendeu por não conseguir reproduzir determinados gestos, imputamos uma ausência em suas ações, em vez de conhecer suas afirmações. Por vezes, a aposta na protagonização ou na transformação protagonizante do ator enfoca aquilo que falta aprender, sempre no vazio ao próximo passo, em vez daquilo que passa a se multiplicar com o aprendido.

Aprender, nesse entendimento de Deleuze, situa-se no afetar-se pelos signos; na afecção, na ordem sensível, na experimentação e na afirmação do novo em si. Quem supostamente se *destina a* torna-se mais acompanhante de si do que quem supostamente se destina a reproduzir-se; no fazer com, ao mesmo tempo colaborando, sensibilizados/sensibilizantes aos sinais e signos, em vez da aposta no condicionamento de respostas certas a determinados eventos; em vez de emissor unilateral de gestos a serem reproduzidos, experimentar vivências singulares.

Ao mesmo passo, para o filósofo, pensamos por sermos forçados pela violência com que o signo nos afeta. Nesse ponto, a inteligência é sempre secundária; por ser "designante", sempre acontece depois da experimentação, após os afetos. Pois o signo "mobiliza a memória, põe a alma em movimento; mas a alma, por sua vez, impulsiona o pensamento, lhe transmite a pressão da sensibilidade, força-o a pensar a essência como a única coisa que deva ser pensada" (*Ibidem*, p. 94). Nesse ponto, a dramatização nos parece um ponto explorador bastante importante.

Parece somar-se a isso o que o poeta brasileiro Manoel de Barros escreveu em *Matéria de poesia* (1974, p. 12): "Muita coisa se poderia fazer em favor de poesia"; dentre as citadas pelo ator, destaca-se "perder a inteligência das coisas para vê-las". "Ver as coisas" precede a "inteligência das coisas"; conhecer sem (re)conhecimentos, infinitas vezes, criando e inventando irreconhecíveis. A inteligência não deixa de ter importância nem pertinência, porém, como um aspecto secundário.

Os signos parecem ser um caminho pertinente para conduzir a lugares afirmativos. Deleuze divide-os em quatro tipos: mundanos, amorosos, sensíveis e os da arte. O signo mundano é vazio e "surge como substituto de uma ação ou de um pensamento, ocupando-lhes o lugar" (Deleuze, *op. cit.*, p. 6), de que seria exemplo a existência de um nome, som ou representação específica destinada ao objeto ou movimento. O amoroso reside no apaixonar-se por mundos desconhecidos; trata-se, entretanto, de "signos mentirosos que não podem dirigir-se a nós senão escondendo o que exprimem, isto é, a origem dos mundos desconhecidos, das ações, dos pensamentos desconhecidos que lhes dão sentido" (*Ibidem*, p. 9). O signo sensível, "signos verídicos, que imediatamente nos dão uma sensação de alegria incomum, signos plenos, afirmativos e alegres" (*Ibidem*, p. 13). Contudo, nessa tipologia, esses signos "são [...] da vida e não [...] da arte" (*Ibidem*, p. 55), pois apenas preparam, por antecipação, o que poderíamos compreender como signos da arte ou de criação. Eles interpolam aquilo que é apenas reprodução do já criado: uma (re)criação pautada pelo (re)conhecimento. Já os signos da arte são os únicos imateriais, contêm multiplicidade e, por assim dizer, rebeldia.

A LUTA NA ADVERSIDADE OU A LUTA PELA NEGAÇÃO DA ADVERSIDADE

Se pensarmos equivocadamente o espontâneo como aspecto treinável, podemos cair na tentação de associá-lo ao conceito de "resiliência", por exemplo. Tal conceito surge com o físico Thomas Young (1773-1829), que o define como "a capacidade de um material para receber uma energia de deformação sem sofrê-la de modo permanente" (Taboada, Legal e Machado, 2006). Mesmo que uma matéria seja submetida a uma força adversa, tem condição de se manter, ou de retornar ao estado original, quando a força cessar. Nesse ponto, o que constitui o fenômeno é a permanência da matéria em sua essencialidade, tanto na presença quanto na ausência de uma força externa adversa. Se imaginarmos que se defenda essa resiliência como a capacidade de que algo importante permaneça no indivíduo continuamente, talvez se suponha que não haja afetação no sujeito, pois ele continuaria íntegro, à espera do fim da força, para se manter independente dela. Nesse ponto, o deslocamento da valência maior ainda apenas se vê com a passividade da força. Mesmo parado, o corpo preserva força, não?

Entende-se aqui "força" como tudo aquilo que ocupa os espaços, o tempo como duração, tudo que, explicado sob a égide da resiliência, da espontaneidade ante o espontaneísmo, torna-se externo e superável de forma individual, como a pobreza, a procrastinação, a violência, a humilhação social etc. Portanto, a conceituação busca ajustar o sujeito para a superação daquilo que pode (talvez) lhe provocar uma ruptura com a continuidade, das forças que podem até parecer compor um momento específico, passageiro, mas seriam capazes de modificar o sujeito. Desse modo, a resiliência sustenta que o sujeito-resiliente esteja alheio às forças. Cabe-lhe apenas resistir, com uma abnegação em relação ao tempo, num fingimento de não afetação.

A associação imediata do sujeito feito de esforço, dedicação e disciplina, e também capaz de resistir às forças contrárias por ser espontâneo, parece ser um aparato que investe em pensamentos capazes de imunidade e assepsia como mecanismo de defesa. Os sujeitos, assim, acabam aquém das próprias dificuldades vividas, em vez de concebendo a subjetividade e a aprendizagem como uma produção em meio às próprias forças. Nessa visão, as adversidades são momentâneas, não constitutivas, e basta esperar que cessem para que o imposto à deformação volte à continuidade íntegra e ilesa. Não que não haja questões mais importantes que o não esforço, mas tratá-lo como imprescindível reedita uma máxima generalizante: ver o sujeito pelo negativo.

O equívoco se mistura, pois, não pelo fato de não se manter pelo esforço, mas por não corresponder àquilo que se considera ser necessário reproduzir. Mais que isso: se aprender é "ser afetado", então, torna-se frágil a concepção de que os sujeitos precisam, necessariamente, de horas de sofrimento para alçar modos espontâneos. Nisso, o treino parece se pulverizar. Se o sujeito deve reproduzir atos, gestos, cópias, precisa ser subtraído de si para emergir como esperado.

O sujeito-determinado é conceituado por aquilo que não o caracteriza. E mais, parece conceber que só existe quando são controladas as adversidades que os impediriam de produzir-se como deveriam, por estar fundamentado que se exijam o sofrimento e a negação do próprio-corpo para atingir o que se considera ideal. O pensamento é uma produção de um corpo-em-si, e não seu aniquilamento.

O que se defende aqui é o olhar para o onde, quando, como, de que forma os sujeitos efetuam-se ao não se conectarem a determinada matéria, contrapondo, ao naturalizante processo que se busca identificar, o que são ou, no caso, o que lhes falta para estarem ajustados, adaptados e aderentes à generalidade e, mais drasticamente, à normalidade.

PARA ALÉM DE UM FIM...

Muitos temas tentam dar uma resposta final à problemática. Buscam resolver a instabilidade a qualquer custo, controlando as formas que consideram desfavoráveis; talvez por terem a necessidade de sustentar plenamente a resolutiva de questões que possuem vitalidade e transformações continuamente cotidianas.

As adversidades existem; muitas. Mas o que pretendemos ao utilizar o conceito de espontaneidade? Abdicar do corpo? Destituí-lo de sua potência? Destiná-lo ao lugar de imperfeições e crer que nos é cabível suprimi-las? Na eficácia de tal perspectiva, o psicodrama é um instrumento impecável, porém queremos mais. O psicodrama atua também na promoção de rachaduras no corpo. Abre espaço ao novo. Assim, ao se tratar apenas como teoria aplicável, perde todo seu encanto, damos ao corpo morto toda a devoção de sua letargia. Clandestinar-se visa retomar o que fez Moreno pulsar e escrever algo que pudesse dar sentido a sua prática, mas a recuperação racional do que se fazia teve uma datação específica e fundamental. Ver sua obra como método é bastante lúcido, tanto que as maquiagens surgem sempre com espaço para isso. Já nessa paralisia de apenas retificar perde-se sua potência; a promoção de rachaduras a que o pensamento insiste em dar significado. Com isso, como exercício de pensamento, como abrir espaço para manter aquilo que em sua origem pulsou? Vale tudo do ponto de vista teórico? Sim, exceto sustentar o corpo morto! Vale clandestinar para fazer pulsar sempre a teorização de sua prática, instituindo e fugindo de práxis cabais; fazendo pulsar novos campos e novos pensamentos sobre aquilo que intensivamente se pratica ao psicodramatizar. Fugir da propriedade e da colonização de tal feito; assim, ser menos alfandegário e mais clandestino.

REFERÊNCIAS

Barros, M. *Matéria de poesia*. Rio de Janeiro: Record, 1974.

Deleuze, G. *Proust e os signos*. Rio de Janeiro: Forense-Universitária, 1987.

Taboada, N. G.; Legal, E. J.; Machado, N. "Resiliência: em busca de um conceito". *Revista Brasileira de Crescimento e Desenvolvimento Humano*, São Paulo, v. 16, n. 3, 2006. Disponível em: http://pepsic.bvsalud.org/scielo.php?script=sci_arttext&pid=S0104-12822006000300012&lng=pt&nrm=iso. Acesso em: 12 dez. 2019.

12. Desgourmetizar a prática socionômica

André Marcelo Dedomenico

De perto, ninguém é normal
Às vezes, segue em linha reta
A vida, que é meu bem, meu mal.
Caetano Veloso, "Vaca profana"

Duas ideias centrais mobilizaram a escrita deste ensaio: a primeira, o fato de que todo conhecimento é datado, fruto consciente ou inconsciente de valores de certa época social e histórica; a segunda, tema central dentro do próprio psicodrama, é a de criação. Ambas sempre balizaram meus questionamentos e pensamentos a respeito do fazer psicodramático, principalmente na problematização tanto da prática quanto da teoria socionômicas, a fim de tentar escapar da repetição infinita de antigos clichês enunciativos morenianos. Levo em conta nesses questionamentos a dimensão política da clínica socionômica, no sentido daquilo que se produz em termos subjetivos ao utilizarmos determinadas bases conceituais e metodológicas. Conseguimos de fato produzir novos modos de existência no plano subjetivo ao reproduzirmos certos valores presentes nos conceitos e métodos criados por Moreno há cerca de um século? Essa talvez seja a pergunta principal que transpassa este ensaio.

O encontro com autores mais contemporâneos, estrangeiros ao conhecimento psicodramático, fez-me repensar muito da prática/teoria psicodramática e dos efeitos que ela produz, pois entendo que a repetição do já estabelecido como uma suposta verdade psicodramática acaba muitas vezes mais reproduzindo o *establishment* vigente do campo social que levando a uma mudança social, grupal ou individual. Com base nessas problematizações, houve a necessidade de repensar ou recriar antigos conceitos que embasam tal metodologia, bastante naturalizados como verdades intocáveis no meio psicodramático. Um pequeno recorte do que penso desses conceitos é o que compartilho a seguir.

SOCIONOMIA

Ao discutir os espaços estriados e lisos, os aparelhos de captura do Estado e as máquinas de guerra, Deleuze e Guattari (1997, p. 51) nos dão outro entendimento de *nomos*: não como lei ou regra, mas como distribuição.

> O *nomos* acabou designando a lei, mas porque inicialmente era distribuição, modo de distribuição. Ora, é uma distribuição muito especial, sem partilha, num espaço sem fronteiras, não cercado. O *nomos* é a consistência de um conjunto fluido: é nesse sentido que ele se opõe à lei, ou à *polis*, como o interior, um flanco de montanha ou a extensão vaga em torno de uma cidade.

Assim, como seria pensarmos a socionomia não como as regras que regem determinado grupo social, afastando-se assim de uma microssociologia, mas como a maneira pela qual se distribuem as ferramentas de criação e produção desse *socius*?

Mais ainda, pode-se pensar que nossa subjetividade transita no paradoxo da dobra de duas dimensões: a primeira consiste na introjeção do espaço estriado e segmentar do *socius* com suas posições bem definidas de sujeitos, formas e identidades variadas, classes sociais, estruturas mentais etc. (dimensão macropolítica); a outra, mais fluida, lisa, é atravessada por forças, sem formatação prévia, assignificantes, e está em constante tensionamento com a primeira (dimensão micropolítica). Ao discutir a subjetividade no atual momento do capitalismo, Suely Rolnik (2018, p. 55) põe essas dimensões como duas superfícies acopladas numa espécie de fita de Möebius, irredutíveis uma à outra, porém indissociáveis e paradoxais. Nossa subjetividade consiste nessas duas camadas topológicas, uma estriada, cristalizada ou conservada, se quisermos adotar a nomenclatura moreniana, e outra mais fluida, espontânea e criadora, capaz de modificar e recriar a primeira.

Assim, a questão central da socionomia passa a ser conseguir produzir abertura para essa fluidez, a espontaneidade criadora em si, tanto em termos de campo social, nos trabalhos com propostas mais sociodramáticas, quanto em termos da subjetividade já individuada e privatizada das abordagens psicodramáticas. De todo modo, é sempre da abertura dessa dimensão criadora da existência o foco clínico e político da socionomia, pois não se trata de uma dicotomia indivíduo-sociedade, mas da própria internalização de certo modo de subjetivação que é constantemente produzida e reproduzida no campo social. Dimensão criadora cada vez mais recalcada pelos poderes biopolíticos advindos do neoliberalismo. Trabalhos tanto sociodramáticos quanto psicodramáticos – ou ainda sua intersecção, sociopsicodramáticos – lidarão com essas duas dimensões políticas da clínica, macro e micro, isto é, com os processos de subjetivação em jogo no campo social. Falar na dimensão política da clínica socionômica é, em última instância, entender seus processos de subjetivação.

As coisas se complicam um pouco mais com Lazzarato (2017). O autor, ao discutir a crise do atual momento do capitalismo de Estado, retoma o conceito de governamentalidade de Foucault:

> [...] governar não significa "submeter, comandar, dirigir, ordenar e normalizar". Nem força física, nem proibições, nem tampouco "normas de comportamento", a governamentalidade incita, por meio de uma série de regulamentações leves e adaptativas, a gerir um meio que conduz o indivíduo a reagir de uma maneira mais do que de outra. (*Ibidem*, p. 12)

Seria o governo de homens livres feito por homens livres. As sucessivas crises econômicas acabam por privatizar as técnicas de governamentalidade a tal ponto que impõem, proíbem, normatizam, dirigem, comandam, ordenam e normalizam com base em dispositivos biopolíticos que não pertencem apenas ao Estado, mas se exercem por meio do *marketing*, das pesquisas de opinião, da televisão, das redes sociais, dos dispositivos "psi" etc. Para Lazzarato, o que está em jogo não é o equilíbrio orçamentário, mas diz respeito aos três conceitos de *nomos*: quem se apropria, quem distribui e quem utiliza o espólio social. "Todo regime econômico-político é construído e organizado a partir desses três princípios, aos quais nem mesmo o capitalismo escapa, que são três significações distintas da palavra *nomos*" (*Ibidem*, p. 43). Segundo esse autor, o substantivo grego *nomos* vem do grego *nemein* e significa:

1. Tomar, conquistar, apropriar-se. "Toda nova sociedade começa pela apropriação e pela conquista."
2. Partilhar, produzir partes, dividir. "Designando o meu e o teu, o *nomos* define a propriedade e o direito. O que é adquirido pela conquista, descoberta e expropriação deve ser medido, pesado e dividido."
3. Apascentar, gerir, utilizar, produzir. "Trata-se do trabalho produtivo, que se desenvolve normalmente com base na propriedade."

Lazzarato entende que esses três conceitos de *nomos* são contidos e articulados ao que chamamos de economia, a qual, no atual momento da axiomática capitalística, não se diferencia da política, definindo e fundando a própria ação política.

Desse modo, deveríamos redefinir socionomia não mais dentro de um senso comum cristalizado no movimento psicodramático, como a ciência das normas ou leis sociais, mas como prática clínica e política que produz modos de existência espontâneos e criadores, além de econômica, no sentido da apropriação, da partilha e da produção social.

Assim, a partir de Deleuze e Guattari, temos que socionomia poderia ser entendida como a distribuição da produção e das ferramentas de criação de um *socius*. O *socius* seria o espaço estriado e segmentado da cidade, e o *nomos*, o espaço liso, que permeia a cidade e de onde advém a criação, transformando a própria cidade. O *continuum* conserva-espontaneidade-processo de criação estaria, assim, dentro da própria definição de socionomia. O psiquismo individuado é essa dobra subjetiva internalizada e privatizada com base nesse *socius*. Aqui cabe um breve adendo: a subjetividade não se confunde com o psiquismo:

> [...] (a subjetividade) está em circulação nos conjuntos sociais de diferentes tamanhos: ela é essencialmente social, e assumida e vivida por indivíduos em suas existências particulares. O modo como esses indivíduos vivem essa subjetividade oscila entre dois extremos: uma relação de alienação e opressão, na qual o indivíduo se submete à subjetividade tal como a recebe, ou uma relação de expressão e criação, na qual o indivíduo se reapropria dos componentes da subjetividade, produzindo um processo que eu chamaria de singularização. (Guattari e Rolnik, 2007, p. 42)

Teremos, desse modo, a espontaneidade como aquilo que escapa das conservas de um espaço subjetivo estriado, que flui das rupturas, que caotiza as formas já dadas de determinado grupo social e de determinada organização corporal e serve de matéria informe e assignificante aos processos de criação que alimentam o *socius* em sua transformação e produção de novas conservas, num processo *ad infinitum*. As técnicas e os métodos socionômicos estariam, ou ao menos deveriam estar, a favor dessa ruptura e desse processo de criação/transformação do *socius*.

Com base no exposto por Lazzarato, pode-se ampliar a definição de socionomia em suas três subdivisões técnicas e metodológicas, complementando a definição dada acima: socionomia é um arsenal, um conjunto de ferramentas de trabalho prático, que consiste num método de governamentalidade clínica, política e econômica da ação humana. Consiste em três subdivisões que se retroalimentam: na apropriação do corpo como instrumento e meio da ação dramática (sociatria), corpo este tomado de assalto pelos poderes do capital e conservado em formas identitárias nos papéis que desempenha e suas inúmeras formas de adoecimento; na partilha dessa ação entre atores sociais, definindo o que cabe ou é de posse de cada um, ou seja, definindo o meu, o seu, o nosso, o deles (sociometria); e, por fim, o gerenciamento dessa produção social (sociodinâmica).

Dessa perspectiva, a socionomia poderá tanto reforçar valores já vigentes no campo social, em sua vertente neoliberal, quanto produzir novos possíveis no campo social e existencial, com base em novas políticas e economias afetivas. Tudo depende do uso que se faz desse arsenal técnico e metodológico: ou como um dispositivo clínico que reforça a lógica dominante, ou como uma caixa de ferramentas que desmonta o *status quo*...

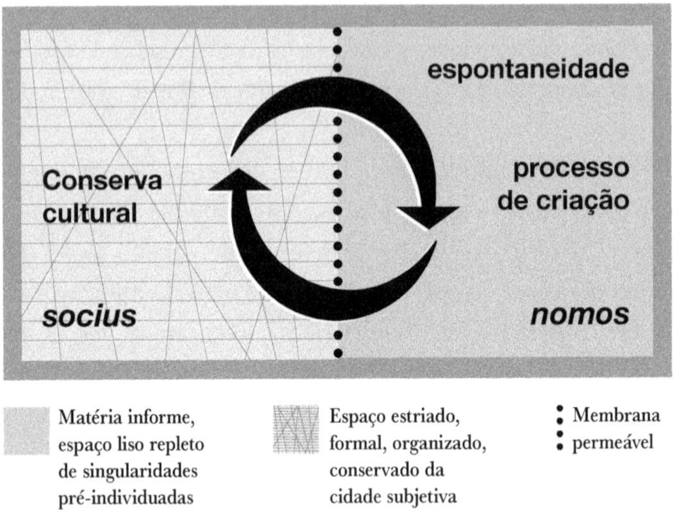

"PSICODRAMA *GOURMET*"

Determinados vetores de forças agem no corpo de um psicodramatista e (re)atualizam antigas conservas culturais no modo de entendimento da ação dramática, em seus conceitos já datados e naturalizados como verdades que devem ser reproduzidas eternamente, sem se levar em conta que cada conceito e cada ferramenta de trabalho de um psicodramatista têm uma razão de existir em função do momento sócio-histórico em que se vive e no qual surgiram. Em outras palavras, a metodologia e a teoria morenianas são datadas, nasceram ou foram criadas em função de necessidades inerentes a dado contexto sócio-histórico. Que necessidades clínicas e políticas existem hoje que atravessam a prática socionômica? As ferramentas morenianas precisam urgentemente ser reinventadas. Não para adequar-se ao meio acadêmico, editorial e mercadológico, como se tem visto nas últimas décadas em muitos trabalhos, congressos e publicações da área, mas para que possam manter-se vivas em sua potência de subversão social e dos modos de existência. Para que se mantenha aberta a dimensão criadora favorável à produção de novos possíveis no campo social e existencial. O que se tem visto, salvo raras exceções, é que o psicodrama apenas sobrevive e a socionomia se adapta ao já instituído como verdade mercadológica.

O movimento psicodramático foi/está atravessado por forças concernentes a um desejo de sobrevivência, que tende a conservar formas dadas e supostas verdades enunciativas. A sobrevivência é a conserva daquilo que já foi um dia e não é mais, a nostalgia de um passado perdido que persiste em retornar. "Psicodrama *gourmet*" que vai ao encontro do já instituído, pronto para consumo e aceitação dos mercados científico, editorial e organizacional, que reproduz o *status quo* porque sua sobrevida depende disso. "Psicodrama *gourmet*" inócuo nos termos da revolução criadora proposta por Moreno e na possibilidade de criar novas formas de existência no campo social, pelo simples fato de estar agenciado com as mesmas forças que perpetuam o já cristalizado.

A desgourmetização dessa prática passa por sua própria análise, na criação de novos entendimentos para antigos conceitos, e por sua desnaturalização. Passa pela pergunta: "Quem vive(rá)?" Afinal, o sobrevivente se conserva em sua última forma gerada, enquanto o vivo se cria, germina e nasce o tempo todo. Viver implica o risco de transmutar-se a cada momento. Viver é uma política, e a socionomia é uma vida.

CORPO-*AGON*

Um percurso construído com base em trânsitos por vários territórios psicodramáticos, seja em vivências públicas nas quais se utilizou tal metodologia, em leituras de artigos da *Revista Brasileira de Psicodrama* (RBP), em congressos e jornadas, em aulas de cursos de formação, seja em atendimentos sócio ou psicoterápicos. Chamo aqui de "territórios psicodramáticos" todos esses trânsitos que concernem ao desempenho de um papel – no caso em questão, o de psicodramatista. Dizem respeito à sua performatividade, àquilo que se produz ao desempenhá-lo, e não a uma pura forma social que deveria ser atingida em algum momento da atuação profissional. Um território, antes de ser geográfico, é semiótico, refere-se ao modo como nos constituímos nesse papel, aos signos que dele emanam, aos enunciados que o atravessam e reverberam pelas bocas, às interpretações já naturalizadas de pautas de condutas que insistem em nos rodear e constituir, ao corpo que se produz ao ser atravessado pelos inúmeros fluxos afetivos das relações humanas e inumanas[1] advindas de tal território. Não se habita um território, vive-se nele, é-se constituído por ele – e o constituímos à medida que agimos como psicodramatistas.

A ação dramática é o próprio território onde desempenhamos tal papel. Ao mesmo tempo, ao exercê-lo damos-lhe vida, numa relação de imanência. Essa inversão de entendimento faz-se necessária, por já mudar a política relacional na qual estamos inseridos profissionalmente, em quem nos tornamos durante o desempenho de um papel. Diferente de uma *Gestalt* figura e fundo, de um Eu que habita certa geografia exterior a um corpo, dada de antemão, ou ainda de um suposto sujeito de conhecimento que detém verdades e fundamentos de alguma metodologia. Um território só passa a ter existência real e concreta ao encontrar um corpo que lhe dê sustentação e consistência, ao mesmo tempo que esse corpo só se produz no encontro com esse território que o atravessa e por ele age. Dois sentidos simultâneos e inversos, de um ao outro, do outro ao um. É na ação realizada (verbal ou corporal) que um papel toma vida e atualiza todo o campo semiótico da metodologia socionômica. Nesse hiato temporal, nesse aqui e agora, entre um passado que persiste e um futuro que insiste, há um encontro corpo-território que tem o papel de psicodramatista como mero efeito. Rompe-se, assim, a tradicional dicotomia teoria-prática.

1 "Os agentes em potencial de uma insurgência micropolítica são todos os elementos da biosfera que se insurgem face à violência contra a vida. No entanto, há entre os elementos humanos e não humanos diferenças de dinâmicas de resposta a essa violência, pois diferem as dinâmicas de sua força vital" (Rolnik, *op. cit.*. p. 124).

A socionomia não é uma teoria para ser aplicada tecnicamente, como ensinam nas escolas de formação, mas para ser vivida, experimentada, colocada em prática e modificada com base nessa experimentação. O *role-creating* acontece em ato, e não como um desenvolvimento evolutivo histórico[2]. O lócus desse encontro é um corpo, tensionado e constituído pelas forças socionômicas, psíquicas, sociais, políticas, históricas etc. que o atravessam. Corpo-*agon*. Corpo que se debate entre o já dado, o já naturalizado como verdade última da prática socionômica, que se rebela em meio a tais forças de sobrevivência, que nasce em ato na ação dramática, que tenta viver, e não apenas sobreviver, em meio às conservas de sua prática. Um psicodramatista como um protagonista tensionado entre reproduzir/sobreviver e viver/criar. Corpo que quer se libertar de suas cumplicidades neoliberais, expelir seus desejos de organização e evolução, suas intencionalidades. Um corpo que vive em ato, que afeta e é afetado pelos encontros. Corpo em *status nascendi*. O nascimento é o que está por vir, o momento de maior espontaneidade.

UM CORPO DE DUAS PARTES NÃO ARTICULADAS

Uma divisão bastante artificial foi realizada e naturalizada no corpo moreniano há algumas décadas. Dividiu-se tal corpo em duas metades, uma destinada a fins psicoterápicos e outra a propósitos sociais, organizacionais, educacionais etc. Ora, a quem ou a que interessa tal política de fragmentação? Parece-me mais a criação de um espaço de soberania destinado a proteger interesses de mercado de certas categorias profissionais. Só há um horizonte ético na prática socionômica: a criação do ser humano espontâneo e criativo; logo, entende-se haver tão somente uma clínica possível nesse universo referencial.

Chama-se aqui de clínica socionômica ou psicodramática a resultante dos vetores conceituais e metodológicos implicados na produção da antropologia moreniana, do ser humano como um ser em relação, espontâneo e criador, quer seja nas abordagens psicoterapêuticas, quer seja nas demais abordagens (educacional, sociodramática, organizacional etc.).

2 A respeito do entendimento do *role-creating* fora da lógica moreniana de desenvolvimento histórico, veja Dedomenico (2013).

O que muda em cada um dos referidos focos são os contextos, os contratos de trabalho, os objetivos das ações, as autorizações explícitas ou implícitas dadas ao psicodramatista em sua abordagem com seu cliente/paciente/estudante/grupo. E vale a pena reafirmar, para não deixar dúvidas: quando atendemos em escolas ou em empresas, quando atendemos demandas sociais em atos públicos, estamos, *sim*, a fazer clínica sociônômica ou psicodramática. A clínica[3] não é, ou ao menos não deveria ser, uma propriedade exclusiva de médicos e psicólogos. Toda ação clínica é também uma ação política, no sentido da produção de certo tipo de existência social (um processo de subjetivação) ou da (im)possibilidade de legitimar essa existência.

Como articular esses pedaços produzidos pela história do movimento psicodramático? Ambos os focos perderam com tal desmembramento. O foco socioeducacional perdeu a processualidade, a escuta e a análise do desejo do foco psicoterápico; e este, por sua vez, perdeu o planejamento, o pragmatismo e a análise social/institucional daquele. A articulação entre os focos desmembrados possibilita ao psicodramatista, independentemente de sua área de atuação, uma visão mais abrangente dos processos de subjetivação contemporâneos, logo, da própria dimensão política de sua prática. O socioeducacional, ao incorporar em sua prática o investimento inconsciente do desejo no campo social, e o psicoterápico, ao não reduzir a subjetividade aos familiarismos de toda espécie, para além das triangulações edípicas da matriz de identidade e suas fases de desenvolvimento. Ambos os focos precisam urgentemente perceber que relações pai-filho, patrão-empregado, professor-aluno, entre tantas outras, não são meras questões transferenciais que vão de um campo simbólico a outro, mas dizem respeito a acoplamentos de desejos distintos que circulam em dado contexto sócio-histórico de acordo com cada instituição em jogo na produção desses papéis e na dobra subjetiva correspondente a esse desempenho.

[3] Trabalha-se aqui com uma visão distinta de clínica, com base na ideia de *clinamen*. Clinicar é produzir desvios, alterar rotas de funcionamento. Difere da clínica feita com base em *clinikós*, debruçar-se sobre o leito, sobre determinada patologia, esta restrita aos médicos e psicólogos na atual conjuntura social.

A dificuldade de um empregado com um chefe autoritário não necessariamente passa pela figura do pai castrador da infância, mas muito mais pelas condições de precarização e vulnerabilidade do trabalho que o neoliberalismo impõe nas relações profissionais. As dificuldades de um aluno com seu professor provavelmente se devem muito mais a um sistema pedagógico que pouco se reinventa – inclui-se aqui a própria pedagogia socionômica – que a uma suposta rebeldia diante da autoridade paterna. E por aí é possível ampliar para as questões relacionadas ao machismo presentes nas relações conjugais, ao racismo nas relações inter-raciais, à homofobia existente no contexto social, internalizada por LGBTQIA+ e também sofrida por essas mesmas pessoas etc. Demandas presentes tanto no foco socioeducacional quanto no psicoterápico.

Embora Guattari e Rolnik (*op. cit.*, p. 208-81) refiram-se à prática psicanalítica em sua afirmação crítica, o mesmo vale para a prática socionômica:

> Se não somos capazes de compreender as dificuldades pessoais de alguém à luz de seus investimentos sociais e da subjetividade coletiva à qual participa, não adianta nada. [...] É a produção capitalística que tende a individualizar o desejo. [...] A questão, portanto, não se situa em nível do agrupamento de indivíduos, e sim de uma pragmática de processos de produção de desejo, que nada tem a ver com esse tipo de individuação.

Trata-se, portanto, mais dos investimentos de desejo em determinados modos de subjetivação que da redução simbólica de questões relacionais das cenas da vida adulta a conteúdos transferenciais de cenas infantis papai-mamãe. Constitui-se uma espécie de trapaça semiótica feita pelo diretor de psicodrama, na qual signos de agenciamentos diversos são sempre traduzidos como figuras familiaristas do papai e da mamãe (a verticalização das cenas), numa perspectiva conservadora e reducionista de entendimento da produção de subjetividade. Uma coisa é levarmos em conta que conteúdos passados não elaborados persistem em várias fases da vida e podem aparecer nas relações de modos inusitados, outra é conduzir quase que automaticamente a demanda trazida a uma cena histórica e imaginária da infância.

A matriz de desenvolvimento humano não é a família, com seus arcaísmos de toda espécie, em sua tendência de conservação hereditária e filiações. A matriz que aqui importa como meio de crescimento e desenvolvimento humanos é o próprio contexto sócio-histórico no qual se nasce e se cresce. A família nada mais é que o mero efeito desse contexto, e não a causa da subjetivação. Se há um infantil aqui que deva ser relevante, é o infantil que se atualiza no aqui e agora da relação entre o paciente e seu terapeuta/coordenador de grupo, e não o infantil histórico dos dramas pessoais de cada um.

METAPSICODRAMA OU A DUPLICAÇÃO DE SI EM ATO

Certo diagnóstico socionômico da própria metodologia e da clínica psicodramáticas precisa constantemente ser produzido para tentar desnaturalizar tal prática de conservas conceituais e metodológicas que persistem e insistem em seguir adiante na dobra de subjetivação psicodramática, apesar da mudança dos tempos e das necessidades da clínica contemporânea. Tal diagnóstico socionômico possibilita um olhar que poderíamos aqui chamar de metapsicodramático ou metassocionômico, cuja função é analisar as ações realizadas como psicodramatista em ato, as intencionalidades presentes, os desvios de rotas cristalizadas no papel do psicodramatista, as repetições que levam ao mesmo, os movimentos instituintes e/ou instituídos das consignas dadas pela direção em abordagens psicodramáticas quaisquer, modificando o próprio fazer socionômico.

Às funções já consagradas do diretor moreniano, de produtor, terapeuta e analista, acrescenta-se mais uma: a autoanálise em ato de sua implicação na cena produzida ou em processo de produção. O que se produz quando se age como diretor de cena? Um diretor de psicodrama nunca é neutro em seu modo de agir, de entender o que se passa com seu cliente ou grupo. Quaisquer trabalhos com pacientes ou grupos também são um processo de pesquisa, e, desse modo, "não há neutralidade do conhecimento, pois toda pesquisa intervém sobre a realidade mais do que apenas a representa ou constata em um discurso cioso das evidências" (Passos, Kastrup e Escóssia, 2009, p. 20). Os valores que regem nossa subjetividade permeiam nossas ações de modo consciente ou inconsciente; nesse sentido, não existe conhecimento desinteressado. São esses mesmos valores que determinam o sentido de nossas ações ao dirigir um grupo, ao propor determinadas ações a nossos pacientes, ao fazer determinadas interpretações em detrimento de outras, ao valorizar certas ações e não outras. Orlandi (2007, p. 11) afirma:

> [...] a condição de nos mantermos abertos a um estado de apreciação complexa daquilo que nos atinge nos encontros exige uma disposição sensível e intelectual capaz de acolher pelo menos duas das múltiplas linhas de uma situação clínica: a linha dos mundos que se abrem como efeitos da presença e da copresença dos partícipes da situação e a linha dos recursos teóricos e práticos de que dispõem esses mesmos partícipes.

A principal inversão aqui realizada é considerar a relação como precedente à existência e à questão: em quem nos tornamos nos encontros? Ao darmos primazia ontológica à relação e não a seus termos, escapamos de uma conserva psicodramática, da noção de intersubjetividade, a qual pressupõe dois sujeitos já dados, supostas entidades egoicas que seriam sujeitos das ações realizadas, Eus individuados que comandariam suas escolhas sociométricas. Não são sujeitos individuados que realizam as relações, e sim estas que definem certos tipos de sujeitos: as instituições ocupam esse meio relacional, definindo a adequação no desempenho de determinados papéis complementares. Sujeitos e seus papéis são meros efeitos das relações, e não a causa delas. Assim, temos uma instituição médica definindo os papéis de médico e paciente, uma instituição pedagógica a adequar papéis de professores e alunos, uma instituição psicodramática definindo as ações do diretor e do público etc. O conflito entre tais formas subjetivas (papéis) ainda revela um caráter transcendente do papel ao modo como certa instituição o define. Está-se de acordo com o papel desempenhado e instituído socialmente? Essa adequação nada mais é que uma normatização subjetiva como efeito da prática. É dessa captura que um corpo-*agon* quer escapar, fugir, arriscar se reinventar. Um corpo-*agon* é desejo de rebeldia, é rota de escape.

TRANSVERSALIDADE NOS/DOS PAPÉIS

Há um consenso na prática socionômica: a inversão de papéis é um norte em saúde. E aqui corremos um risco herético ao questionar a pretensa verdade. Tanto de uma perspectiva macropolítica quanto de uma micropolítica, a inversão de papéis é um tanto quanto problemática. Ao se trabalhar num campo intersubjetivo, ou seja, com dois supostos sujeitos já dados de antemão, bem ao gosto neoliberal, com a subjetividade em sua forma última individuada, consegue-se no máximo amenizar ou apaziguar o conflito entre as partes da relação. Age-se apenas num plano imaginário e/ou simbólico, e a instituição que definiu os papéis em jogo permanece imutável em suas hierarquias naturalizadas, em suas supostas verdades a ser repetidas e nas adequações aos modelos transcendentes dos papéis em questão.

Pode-se pensar que um papel é constituído por um feixe de linhas, uma espécie de corda de sisal com seus inúmeros feixes entrelaçados e torcidos sobre si mesmos. Isso não é uma metáfora, é da ordem da concretude de um papel que se desempenha, de sua performatividade. Um papel é formado por linhas históricas, linhas de conhecimentos, linhas afetivas e sentimentais, linhas de memórias, linhas de dúvida e indecisão, linhas geográficas, linhas de criação e de destruição, linhas de conteúdos, que, em sua concretude, aparecem ou se fazem ver e falar em diversas formas de expressão ao engendrar gestos, falas, atitudes, posicionamentos. Linhas duras, linhas maleáveis e linhas de escape, fazendo que o papel, em algumas circunstâncias, fuja dele mesmo...

Por vezes, um papel de psicodramatista surpreende-se com alguma(s) linha(s) adormecida(s) que, por razões conhecidas ou não, afloram à superfície, dando um matiz totalmente novo ao papel desempenhado. Tal conjunto de linhas que afloram eventualmente já constituíam algum outro papel outrora mais ativo e que permanecia apenas como resíduo subjetivo. Papéis subsistem em camadas esburacadas, uns sobre outros, uns paralelos a outros. Alguns persistem ao longo de uma sequência histórica, outros existem apenas virtualmente. Um pouco como Guattari (2006, p. 155) descreve o caráter polifônico da subjetividade com base na concepção estratificada do *self* dada por Daniel Stern: "enfatizamos que cada um desses componentes do eu, uma vez aparecendo, continua a existir paralelamente aos outros e é suscetível de subir à superfície, ao primeiro plano da subjetividade, de acordo com as circunstâncias".

Ao que tanto Guattari como Daniel Stern nomeiam "estratos do *self*", utiliza-se tal analogia para se pensar as múltiplas sobreposições de papéis que, em seu desempenho e suas articulações, produzem uma suposta e ilusória unidade denominada Eu. A forma final, visível, de um papel que aparece em determinada ação na qual se está engendrado depende desses agenciamentos múltiplos entre linhas de constituição e camadas de sobreposição. Na ação de costurar algumas linhas, desmanchar outras, fortalecer nós, tensionar os fios, um papel toma forma, outros papéis aparecem, para além ou aquém de um modelo prévio que supostamente determinaria como ele deveria ser ou agir.

DESCONSIDERAÇÕES FINAIS

Este ensaio é uma espécie de grito de resistência dentro do movimento psicodramático. Não se pretende que ele se torne uma nova verdade das práticas socionômicas, não se buscam discípulos; procuram-se aliados. Seu único objetivo, se é que ele existe, está nele mesmo, em sua própria escrita, em esburacar conceitos, abrir frestas no modo como se entende e se faz clínica socionômica. Por isso, optou-se por não relatar nenhuma vivência, nenhum percurso metodológico. As vivências realizadas e os métodos aplicados em atendimentos bipessoais ou grupais, psico e/ou sociodramáticos, foram úteis e funcionais apenas para aqueles contextos em que se inseriam e não devem ser reproduzidos *ad infinitum*. Assim como outros, não se acredita em métodos universais:

> Propomo-nos a recusa à busca por uma universalidade metodológica e de praticabilidade perseguida por Moreno. Entendemos essa busca

> como traiçoeira, pois nela se propõe um enrijecimento da própria experiência das ações, quando a preocupação com o método e os fins coloca as falhas, os imprevistos e as diferenciações, em posição negativa, e leva-nos a "tapar os ouvidos" às implicações dos encontros, que perturbam sempre nossas posturas e procedimentos bem definidos. (Zamboni *et al.*, 2014, p. 263)

O melhor método é aquele que se cria em ato, no aqui e agora da experiência clínica e dos encontros. Cabe a você, caro leitor, desejar experimentar criar(-se).

Se ainda há algo de sagrado na metodologia socionômica, com certeza não são as vacas, pobres animais domesticados, mas a própria ação de profanação de suas pretensas verdades naturalizadas e conservadas ao longo das décadas. Isso também é uma política.

REFERÊNCIAS

Dedomenico, A. M. "A funcionalidade do conceito de papel". *Revista Brasileira de Psicodrama*, São Paulo, v. 21, n. 2, 2013, p. 81-92.

Deleuze, G.; Guattari, F. *Mil platôs: capitalismo e esquizofrenia*, v. 5. São Paulo: Editora 34, 1997.

Guattari, F. *Caosmose: um novo paradigma estético*. São Paulo: Editora 34, 2006.

Guattari, F; Rolnik, S. *Micropolítica: cartografias do desejo*. 8. ed. Petrópolis: Vozes, 2007.

Lazzarato, M. *O governo do homem endividado*. São Paulo: n-1, 2017.

Orlandi, L. B. L. "Apresentação". In: Aragon, L. E. P. *O impensável na clínica: virtualidades nos encontros clínicos*. Porto Alegre: Sulina/Ed. UFRGS, 2007.

Passos, E.; Kastrup, V.; Escóssia, L. (orgs.). *Pistas do método da cartografia: pesquisa-intervenção e produção de subjetividade*. Porto Alegre: Sulina, 2009.

Rolnik, S. *Esferas da insurreição: notas para uma vida não cafetinada*. São Paulo: n-1, 2018.

Zamboni, J. *et al.* "Os 'dramas' de J. L. Moreno e a filosofia da diferença". *Psicologia & Sociedade*, São Paulo, v. 26, n. 2, 2014, p. 261-70.

Os autores

Ana Paula C. Scagliarini
Psicodramatista e acompanhante terapêutica. Gosto de vidros coloridos, barulho de água correndo e jabuticabas. Moro em Uberlândia, Minas Gerais, cidade com ares paulistas e pertinho de Goiás, onde nasci. Gosto de praças e de cinema. Habito no desafio de me reinventar e seguir em trânsito... no *entre.*

André Marcelo Dedomenico
Psiquiatra, psicodramatista-didata e artista plástico em formação. Defensor da luta antimanicomial, principalmente contra os manicômios mentais que enjaulam o pensamento e as ações. Defensor da desinstitucionalização do movimento psicodramático. Leitor de Franz Kafka e Clarice Lispector. Tendências macropolíticas à esquerda e um pouco anarquista. Micropoliticamente, investe desejo em tudo que possa libertar a ação e o pensamento, embora nem sempre obtenha sucesso nessa operação. Diverte-se com tudo isso, antes de mais nada. Ri acompanhado de Nietzsche, Foucault, Deleuze e Guattari, entre tantos outros.

Andrea Raquel Martins Corrêa
Psicóloga pela Universidade Metodista de Piracicaba (Unimep). Psicodramatista didata no Instituto de Psicodrama e Psicoterapia de Grupo de Campinas (IPPGC). Pós-graduada em Literatura e Outras Linguagens Artísticas pela Unimep e em Gênero e Políticas Públicas, uma Abordagem pela Análise do Discurso, pela Universidade Estadual de Campinas (Unicamp), modalidade Extensão. Teve artigos publicados na *Revista Brasileira de Psicodrama* e na *Revista da Sociedade Portuguesa de Psicodrama.* Tem atuação clínica e educacional.

Débora de Mello e Souza

Paulistana, descendente de índios, negros e italianos, passei minha infância, ainda em época de ditadura no Brasil, com joelhos ralados em brincadeiras nas ruas de paralelepípedos do bairro do Brás, com crianças imigrantes árabes, sírias, coreanas, que traziam ao meu mundo o mundo de outros lugares. Nessa época, gostava de observar os operários das fábricas, sem entender por que passavam apressados, e ouvir o barulho do trem que atravessava a vizinhança, dando pistas de que a vida podia ser vivida em movimento e sob múltiplas perspectivas. Foi com esse prólogo que me lancei aos outros capítulos da vida: a adolescência questionadora; a vida de adulta errante e trabalhadora; viajando pelo mundo; casamento; maternidade; e tecendo uma identidade profissional múltipla, como psicóloga, psicodramatista, professora, pesquisadora, ativista e cofundadora da Lanakaná Princípios Sustentáveis. Nas noites escuras, entre sonho e realidade, me visitam as lembranças doces da minha história, mas também os ecos de pensamentos sobre por que outros corpos foram ralados na ditadura militar; por que crianças precisam deixar seus países; por que operários estão sempre apressados; e para onde este trem nos levará. Descobri que viver politicamente é se deixar afetar.

Devanir Merengué

Tenho os olhos, a pele, o desejo no mundo para saber o mundo. A inquietação, a busca do conhecimento me desassossegam. Por isso a psicologia, por isso o psicodrama, mas também a arte, a filosofia, a história, a ciência. Com o tempo, tenho aprendido sobre as seduções do poder, seus jogos estratégicos, suas táticas macias. Por isso, escrever, fotografar, ler, ser espectador. Para não morrer na claustrofobia. Para abrir janelas. Para abrir asas.

Érico Douglas Vieira

Sou mineiro e atualmente moro no estado de Goiás, trabalhando como professor universitário na Universidade Federal de Goiás (UFG), na cidade de Jataí. Sou pai de duas meninas maravilhosas. Persigo a utopia de ajudar a melhorar o mundo com meu trabalho como professor, psicólogo e psicodramatista. A insatisfação com as desigualdades sociais e com o mundo do jeito que está é um impulso para tentar promover transformações onde eu estiver atuando e vivendo.

Geraldo Massaro

Nasci pobre. Se quiserem me encontrar antes da vida adulta, é só procurarem em locais coerentes com essa condição. Assim, na infância me verão carregando tijolos para que meu pai e meu irmão construíssem nossa casa. Ou no jardim público, engraxando sapatos dos aposentados. Já na adolescência me encontrarão numa fábrica de fundição, num açougue ou numa loja de roupas femininas. Também numa lavanderia. Sempre estudei em escolas públicas, incluindo a Filosofia e a Medicina, na USP. A pobreza não me impediu de me relacionar com pessoas de classes mais abastadas, contando aí algumas namoradinhas ricas. Sempre fui ateu, mas tive bons amigos padres. A vantagem de ser pobre é não precisar sentir culpa. E poder ser menos ingênuo. Hoje pertenço a outra classe social, mas minha alma (sim, minha alma) ainda mantém enunciados e ações daquela outra. Ah, antes que me esqueça: fiz doutoramento discutindo questões de loucura! Em nossa cultura, o louco é quase tão excluído quanto o pobre...

Luiz Contro

Sou caipira de nascença, com temperos orientais. Daí certa timidez e quietude contemplativa, simbiose com a natureza, encantamento pelos animais, braveza e matreirice. A vida caleja a casca, mas música e poesia são seiva onde insiste a sensibilidade.

Maria da Penha Nery

Assim que fui concebida, disseram: "Pode ser menino ou menina, o que importa é sua saúde!" Hoje me dou conta de que essa afirmação continha certa linha de fuga ou de desvio do que é normatizado, imposto nas conservas mineiras do interior, de família tradicional, amarradamente católica e que tinha a máquina do sítio para a sobrevivência no mundo capitalista, produzindo derivados do milho. Ao chegar, gritei do fundo de minh'alma espontânea e criativa: "Sou e me torno além 'disso' – mais que tudo 'isso'!" E a vida tomou conta de mim: simplesmente fui lançada no mundo, com minhas liberdades de escolha. E com os limites ou "outros" que represavam algumas dessas liberdades. Afinal, ao ir a uma "cidade grande", capital do país, um novo mundo se fez e trouxe mais problematizações, possibilidades e obstáculos (até que ponto sou levada ou levo...). Eis que me formei em Psicologia e me tornei psicodramatista, aprofundando essa "carreira". Hoje crio este livro com colegas que admiro, num fluxo de afetos e crenças que trarão um contínuo revisar de nossa "micropolítica".

Pedro Mascarenhas
Psiquiatra, psicodramatista pela Sociedade de Psicodrama de São Paulo (Sopsp), psicanalista, membro do Departamento de Psicanálise do Sedes Sapientiae.

Plínio Barbosa Bronzeri
Psicodramatista-paciente, depois, profissional; educador e psicólogo; coordenador educacional, na luta por educação democrática; defensor de um psicodrama livre.

Rosane Rodrigues
Uma psicodramatista convicta, nascida em 1955, que se entende relativamente bem com a tecnologia, adora política e, por ser hipermetrope, tem visão acurada para o todo, mas nem tanto para o detalhe. Acredita no poder da arte, especificamente do teatro, e sonha com um mundo com menos dogmas e no qual a corresponsabilidade possa proporcionar liberdade e equidade. Adaptadora e estudiosa do Playback Theatre para Teatro de Reprise.

leia também

MORENO, O MESTRE
Origem e desenvolvimento do psicodrama como método de mudança psicossocial
Sérgio Guimarães

Fruto de anos de pesquisa, esta obra refaz os passos de Moreno e explica o surgimento e a consolidação das bases, dos conceitos e das técnicas criados pelo pai do psicodrama. Escrita em linguagem acessível, trata-se, enfim, de uma biografia tanto de Moreno quanto de seu método de transformação psicológica e social – que vai muito além da terapia, envolvendo campos tão diferentes quanto o ensino, a saúde, as instituições e o mundo empresarial.

REF. 20262 ISBN 978-85-7183-262-6

PSICODRAMA E RELAÇÕES ÉTNICO-RACIAIS
Diálogos e reflexões
Maria Célia Malaquias (org.)

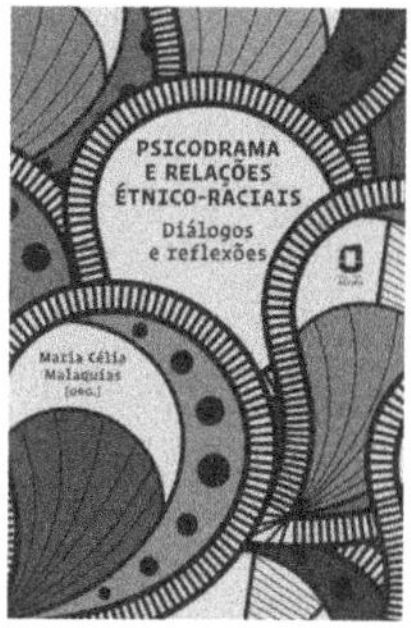

Apesar da grande produção bibliográfica dos psicodramatistas brasileiros nas últimas décadas, o tema das relações étnico-raciais é extremamente raro tanto em livros quanto em artigos acadêmicos. A fim de preencher essa lacuna, Maria Célia Malaquias reúne neste volume profissionais renomados para discutir assuntos como racismo, protagonismo negro, representatividade, ancestralidade e inclusão. De sua posição de mulher negra, psicóloga e psicodramatista, Malaquias leva o leitor a refletir sobre a desigualdade racial no Brasil e sobre os caminhos e instrumentos que podem ajudar a debelar essa chaga que nos assola há tantos séculos.

REF. 20257 ISBN 978-85-7183-257-2

PSICOPATOLOGIA E PSICODINÂMICA NA ANÁLISE PSICODRAMÁTICA – Vol. 7
Victor R. C. S. Dias e colaboradores

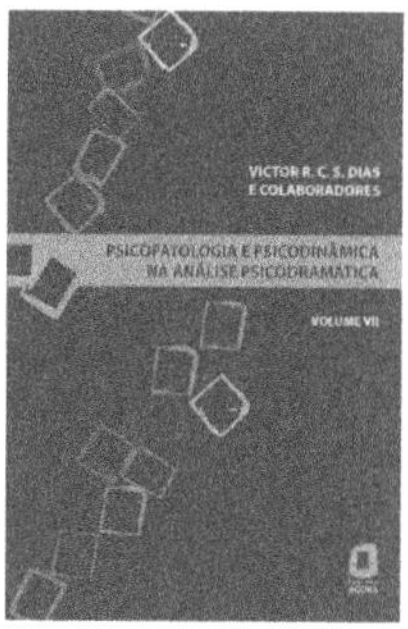

Destinado a estudantes e profissionais da psicologia e psiquiatria, este sétimo volume da coleção Psicopatologia e psicodinâmica na análise psicodramática reúne a experiência de Victor Dias e seus colaboradores, discutindo temas como: a teoria da programação cenestésica; o conceito de sentimentos corretivos; eclosão e tratamento da crise associativa derivada da resolução das defesas dissociativas; a abordagem psicoterápica e medicamentosa da angústia pós-traumática e seus desdobramentos na análise psicodramática; átomo de crise e átomo familiar e suas aplicações; a psicoterapia infantil na abordagem psicodramática.

REF. 20245 ISBN 978-85-7183-245-9

leia também

PSICODRAMA E EMANCIPAÇÃO
A Escola de Tietê
Moysés Aguiar (org.)

Este livro apresenta, por meio de relatos, depoimentos e reflexões, a história de uma experiência pedagógica pioneira no ensino de psicodrama, ocorrida na década de 1990, cuja metodologia antecipou algumas propostas consideradas hoje extremamente avançadas em termos educacionais. Um livro para inspirar novas iniciativas não apenas nessa área, mas na educação em geral.

REF. 20062 ISBN 978-85-7183-062-2

PSICODRAMA EM ESPAÇOS PÚBLICOS
Mariângela Pinto da Fonseca Wechsler e Regina Fourneaut Monteiro (orgs.)

Nesta obra estão reunidos especialistas em grandes grupos para compartilhar suas experiências em espaços públicos. Teoria e prática se entrelaçam de forma didática, fornecendo ferramentas inestimáveis para todos os que pesquisam a área ou trabalham nela. O objetivo é transformar a comunidade e os psicodramatistas em agentes sociais, atores e autores de seus caminhos.

REF. 20136 ISBN 978-85-7183-136-0

AINDA E SEMPRE PSICODRAMA
Sergio Perazzo

Um dos mais importantes psicodramatistas brasileiros apresenta uma revisão crítica da Teoria do Núcleo do Eu, Teoria dos Papéis, Teoria da Espontaneidade e Tele, entre outros, permitindo uma atuação e revigoração do pensamento de Jacob Levy Moreno.

REF. 20236 ISBN 978-85-7183-236-7

Grupo Summus
www.gruposummus.com.br
www.gruposummus.com.br
Acesse, conheça o nosso catálogo e cadastre-se para receber informações sobre os lançamentos.